Bärbel Klein
Renate Schnell

Schreiben & Gestalten

zu ausgewählten Kunstwerken

Kreative Unterrichtsideen ab der 2. Klasse

AV Auer Verlag GmbH

Gedruckt auf umweltbewusst gefertigtem, chlorfrei gebleichtem
und alterungsbeständigem Papier.

2. Auflage. 2005

Gesamtherstellung: Ludwig Auer GmbH, Donauwörth
ISBN 3-403-0**3798**-3

Inhalt

Einleitung

Am Anfang steht das Bild ...

Ausgangspunkt für alle Textproduktionen und Gestaltungsprozesse unserer Unterrichtssequenzen sind ausgewählte Bilder, die mit unterschiedlichen methodischen Möglichkeiten eingeführt werden.

Die Begegnung mit Kunstwerken ist eine besondere Chance, Kindern ästhetische Erfahrungen zu ermöglichen. Kinder verhalten sich Kunstwerken gegenüber fantasievoll, interessiert und motiviert. Ihre Bilder von der Wirklichkeit sind noch nicht gefestigt und geprägt. Ihre Neugier auf andere Sichtweisen und ihre Wissbegierde lässt sie offen sein für Überraschungen, wenn z. B. Vertrautes in neuen Zusammenhängen gezeigt wird.
In der rezeptiven Auseinandersetzung mit Bildern wird Arbeit *an* und *mit* den Sinnen geleistet, das bildnerische Erleben der Kinder gefördert und das sprachliche Ausdrucksvermögen gestärkt.

Der Schlüssel zu einem Bild kann z. B. ein Schreibverfahren sein, durch das das Bild assoziativ oder mehrperspektivisch erschlossen wird. Dabei hat das Schreiben oder das Gestalten keine „dienende" Funktion. Es hat im ganzheitlichen Sinn eine bereichernde Funktion, weil sich manches beim Schreiben oder beim Gestalten klärt oder weil neue Denk- bzw. Gestaltungsprozesse in Gang gesetzt werden.
Im vorliegenden Buch werden überwiegend kreative Schreibverfahren und Schreibtechniken zu Bildern vorgestellt. Durch offene Schreibaufträge besteht die Möglichkeit, unterschiedliche Textsorten zu produzieren, wie z. B. Sachtexte oder lyrische Texte.

Bei den ästhetischen Verfahren wird auf eine breite Vielfalt möglicher Aktivitäten Wert gelegt. Es werden sowohl traditionelle ästhetische Verfahren angeboten als auch solche, die häufig in der Gegenwartskunst angewendet werden, z. B. bei Materialbildern, bei denen mit beiden Händen gearbeitet wird und der ganze Körper mitschwingt.

Kreativität entsteht bekanntlich nicht aus dem Nichts. Je mehr Schreibtechniken und ästhetische Handlungsformen den Kindern bekannt sind, umso kreativer können sie diese später für ihre individuellen Textproduktionen und Gestaltungsversuche nutzen.
Durch kreative Schreibverfahren und offene ästhetische Verfahren werden divergentes Denken, Originalität und individuelles Ausdrucksvermögen gefördert.
Gewohnte Denkstrukturen und festgesetzte Bilder werden aufgebrochen und neue Gedankengänge und Bildzusammenhänge entwickelt.
Wichtig war uns, für das jeweilige Kunstwerk ein stimmiges Schreibverfahren und ein passendes ästhetisches Verfahren auszuwählen, sodass sich Text und Bild bzw. Schreiben und Gestalten gegenseitig bereichern.

Schreiben zu Bildern und ästhetisch-produktive Auseinandersetzung mit Bildern

Das *Schreiben zu Bildern*, deren Deutungen offen sind, ermöglicht auf der einen Seite, sich schreibend einem Bild zu nähern, dem Bild *den* Sinn zu geben, den es zu diesem Zeitpunkt für die Schreiberin oder den Schreiber hat.
Auf der anderen Seite eröffnet der Austausch von Gedanken bzw. Schreibprodukten für alle Kinder eine Vielfalt von Deutungsmöglichkeiten, die das einzelne Individuum mit seinen subjektiven Deutungsmustern in der Vielfalt nicht erfassen könnte.

Für die *ästhetisch-produktive Auseinandersetzung mit den Bildern* soll durch anregende und strukturierende Impulse ausreichend Freiraum für ein individuelles Vorgehen in der jeweiligen Umsetzung gegeben werden. Dabei sollen grundlegende Verhaltensweisen der Kinder (sammeln, spielen, etwas verändern, experimentieren, etwas erproben etc.) aufgegriffen und erweitert werden.

Wenn man an den konstruktivistischen Ansatz denkt, demzufolge jeder auf seinem Weg Vernetzungen bewusst oder unbewusst herstellt, bzw. aktiviert, sollen durch die beschriebenen Aufgabenstellungen Denk- und später dann auch Schreib- und Gestaltungsprozesse ausgelöst werden, die es ermöglichen, über das „Normale" hinaus zu denken, zu schreiben und zu gestalten.

Im Primarbereich sollten die Erwartungen an die verfassten Texte der jeweiligen Schreibkompetenz der Kinder angemessen sein. Für Kinder im ersten und zweiten Schuljahr wird kreatives Schreiben nur teilweise erreichbar sein und von den Schreiberfahrungen der Kinder abhängen.
Für die Gestaltungsergebnisse gilt, dass sich erfolgreiches ästhetisches Lernen nicht unbedingt an einem „schönen" Endprodukt messen lässt.
Über die Wiederholungen von Handlungsabläufen und über die Vorstellungskraft und Vorausfantasien, wie etwas einmal aussehen oder funktionieren könnte, kommt es auch zu fachspezifischen Kenntnissen und Fertigkeiten.
Bei gestalterischen Versuchen und spielerischen Sinneserfahrungen gilt häufig der Weg als Ziel.
Durch das Reflektieren über die Kinderergebnisse wird das Ganze abgerundet. Bezüge zwischen Textinhalt, Bildwahrnehmung und eigener Darstellungsweise sollen durch den Austausch der Kinder über ihre Texte bzw. Bilder deutlich werden.
Häufig werden Texte grammatikalisch und sprachstilistisch zerpflückt. Statt über rein formale Gesichtspunkte und oft unkritisch übernommene Textnormen zu sprechen, soll die Reflexion verstärkt inhaltlich geführt werden, um auch die interessanten Ideen der Kinder angemessen würdigen und tolerieren zu können.
Dies gilt in ähnlicher Weise für die Besprechung von Kinderbildern. Auch hier erfolgt eine Beurteilung nicht unter rein formalen Gesichtspunkten, sondern ausgefallene Gestaltungsideen und subjektive Ausdrucksformen stehen im Vordergrund.
Die in diesem Buch vorgestellten Unterrichtsideen bieten für Lehrerinnen und Lehrer eine große Chance, die Kinder zum freien Austausch ihrer Gedanken zu ermutigen und ihnen Toleranz gegenüber anders Denkenden zu vermitteln.
Aber auch die Leistungsbereitschaft der Kinder wird auf der Basis dieses ganzheitlichen Ansatzes und durch die offenen Aufgabenstellungen geweckt und der intendierte Lernzuwachs für beide Fachbereiche in einer entspannten Lernatmosphäre wird möglich.

Einige Ideen und Anregungen für dieses Buch bekamen wir auch von Kolleginnen, die nach unserem Konzept arbeiteten und uns Unterrichtsergebnisse zur Verfügung stellten. Wir bedanken uns in diesem Zusammenhang bei Iris Geschwinder, Jana Nieveler, Nathalie Opfermann, Gabriele Warden, Julia Treiber, Elke Winterscheid und den Kindern der jeweiligen Klassen und bei Marc Schnell für die Fotos.
Besonderer Dank gilt dem Kollegen Günter Winterscheid sowie der Kollegin Silvia Pluymakers und den Kindern der GGS Gressenich und der GHS Zülpich.

Joan Miró: Complainte du lézard amoureux

(Bildvorlage S. 10)

*„Mein Werk soll sein wie ein Gedicht,
das ein Maler umgesetzt hat.“*

1. Ästhetisches Verfahren: Neuinszenierung des Bildes

2. Schreibverfahren: Akrostichon

3. Bildpräsentation: Bildbesprechung

Medien und Material	Vorbereitung
Für jede Gruppe • je ein Bogen Plakatkarton: gelb, rot, grün • je zwei Bögen Plakatkarton: schwarz, blau • DIN-A4-Umschläge mit den Einzelelementen des Bildes • weißes Tonpapier im DIN-A2-Format als Bildträger • Papier im DIN-A2-Format für das Akrostichon • „Complainte du lézard amoureux": als Folie (s. S. 10) und Overheadprojektor • evtl. Fotoapparat zum Festhalten der Gestaltungsergebnisse	• Bild in einzelne Segmente (Kreise, Bögen, Striche, ...) zerlegen • Für jede Gruppe die Einzelteile des Bildes auf DIN-A3-Format vergrößern, ausschneiden und in Briefumschläge stecken Jeweils bereitlegen: • weißes Tonpapier • Papier für Akrostichon • „Complainte du lézard amoureux" als Folie

Joan Miró

Joan Miró (20. 04. 1893–25. 12. 1983), katalanischer Maler, Grafiker und Bildhauer. Die Linie setzte er neben der Farbe als wichtigstes Mittel ein und schuf fantastische Szenen aus biomorphen Formen und Strichfiguren.

Joan Miró, katalanischer Künstler, wurde 1893 in Montroig (heute zu Barcelona gehörend) geboren. Sehr früh schon begann er zu zeichnen.
Miró machte die Schule nur wenig Spaß. Er war ein mittelmäßiger Schüler. Seine Schulferien verbrachte er oft bei seiner Großmutter auf Mallorca, zu der er eine enge Beziehung hatte. Er las gerne Abenteuer- und Zukunftsromane und beobachtete häufig mit dem Fernrohr den nächtlichen Sternenhimmel.
Seine Eltern bestanden darauf, dass er nach Schulabschluss eine kaufmännische Ausbildung absolvierte, die drei Jahre dauerte. Parallel dazu besuchte der damals 14-Jährige die Kunstakademie in Barcelona. Er fing später auch auf Wunsch seiner Familie in einer Drogerie als Handelskaufmann an zu arbeiten. Aus Unzufriedenheit mit seinem Beruf wurde er krank. Nach seiner Genesung erlaubten ihm seine Eltern, Maler zu werden.
Mit 19 Jahren begann er ein Kunststudium und lernte den Architekten Gaudí kennen, der ihn in seiner Arbeit beeinflussen sollte.
Miró war sehr vielseitig. Bald schon löste er sich von den herkömmlichen Methoden der Vermittlung und suchte seinen eigenen Weg. Obwohl seine erste Einzelausstellung in Barcelona 1918 nicht sehr erfolgreich war, hatte Miró mit seinen Bildern bald großen Erfolg.
In den Jahren 1917–1928 prägten dadaistische Einflüsse seine künstlerische Arbeit.
1919 reiste Miró nach Paris und lernte dort Pablo Picasso kennen, mit dem er sich anfreundete. Mehr und mehr wurden seine Werke vom surrealistischen Denken beeinflusst. Die Jahre zwischen 1921 und 1927, in denen er sich zum zweiten Mal in Paris aufhielt, zählten mit zu seinen bedeutendsten künstlerischen Schaffenszeiten. In dieser Zeit entstanden seine sog.

Bildgedichte, in denen Farbe und Worte bzw. Ziffern miteinander kombiniert und auf Linien zurückgeführt wurden und sich die Dinge auf wenige Bedeutungsträger reduzierten. Zunehmend gewann die Struktur der Dinge, ausgedrückt in Form, Farbe und Linie, im Gegensatz zur Abbildung der Welt, an Bedeutung. Die Quelle seiner Inspiration waren fast ausschließlich Träume.
Miró nahm 1925, zusammen mit Max Ernst, Picasso und Hans Arp, an der ersten Ausstellung der Surrealisten teil. Die Idee des Surrealismus war, zwischen Traum und Wirklichkeit eine neue Wirklichkeit zu finden, die weitgehend vom Unbewussten geprägt wird. Als Hauptschaffenszeit der Surrealisten wird die Zeit von 1918–1945 angesehen. (Surrealismus siehe bei Magritte, S. 45 ff.) In dieser Zeit lernte Miró auch Wassily Kandinsky kennen.

1932 kehrte Miró nach Barcelona zurück.

Mirós Werke sind weitgehend abstrakt, hin und wieder tauchen einzelne Gegenstandszeichen als reale Hinweise in seinen Bildern auf. Er verwendet stets einfache Formen und klare Farben. In spielerischer, nur auf den ersten Blick beliebiger Weise lässt Miró oft Linien über das Bild tanzen und sich zu skurrilen Figuren entwickeln.

Seine Bildkompositionen beinhalten oft den scheinbaren Gegensatz zwischen dieser spielerisch-zufälligen Leichtigkeit und bewusst komponierten Bildelementen und Strukturen. Sterne, eine rote Sonne, Kreise und linienförmige Elemente finden sich häufig in seinen Werken wieder. Miró bedient sich dabei einer Symbolsprache und bringt Bildelemente manchmal humorvoll in einen Zusammenhang, der sich erst auf den zweiten Blick erschließt. Dadurch werden seine Bilder zu Kompositionen, die zu Bildaussagen führen, bei denen oft Fantasie gefragt ist und Assoziationen zu Traumwelten angesprochen werden.

Als in Spanien 1936 der Bürgerkrieg ausbrach, kehrte Miró nach Paris zurück. Kurze Zeit später kamen seine Frau, die er 1929 geheiratet hatte, und seine Tochter Dolores nach. Da sie zunächst in einem Hotel wohnten, hatte Miró keine Möglichkeiten zu malen. Er begann Tagebuch zu schreiben. Der Bürgerkrieg verhinderte die Rückkehr nach Spanien. Obwohl die Familie später in eine kleine Wohnung zog, waren die Arbeitsbedingungen äußerst beschränkt. Ein Galerist bot Miró an, im Zwischenstock seiner Galerie seine künstlerischen Arbeiten fortzusetzen. Es entstanden realistische Stillleben, die an seine frühen Werke erinnerten.
Miró verbrachte die nächsten Jahre in der Bretagne, wo die wichtige in sich abgeschlossene Bildserie „Konstellationen" entstand. Beeinflusst von Musik, Nacht und Natur entstanden hier seine Sternenbilder. Sie waren die ersten europäischen Bilder, die 1945 in New York ausgestellt wurden.
1947 fuhr Miró zum ersten Mal in die Vereinigten Staaten. Er hatte den Auftrag bekommen, eine 3 mal 10 Meter große Wand für das Terrace Plaza Hotel in Cincinnati zu gestalten. Er arbeitete neun Monate lang in New York an dem Bild, bis es an seinen endgültigen Platz transportiert wurde. Im gleichen Jahr entstand auch das Bild „Complainte du lézard amoureux".
Ab Anfang 1950 lebte Miró auf Mallorca und verwirklichte sich dort 1956 einen großen Traum. Er, der bisher überall eher behelfsmäßig Platz zum Malen gefunden hatte, ließ sich ein großzügig angelegtes Atelier bauen, das heute noch im dort gegründeten Miró-Museum zu besichtigen ist.
In diese Zeit fiel auch 1954 die erste Miró-Ausstellung in Deutschland (Krefeld).
Die folgenden Jahre waren Jahre intensiver Schaffenszeit. Miró stellte im Laufe seines Lebens insgesamt ca. 2000 Gemälde und 5000 Zeichnungen her. Skulpturen und Keramikarbeiten vervollständigten sein Werk.
Am 25. Dezember 1983 starb Miró in Palma de Mallorca.

„Complainte du lézard amoureux" (Klagelied einer verliebten Eidechse), 1947

Besitz unbekannt

Auf dem Bild sind Pinselstriche in unregelmäßiger Länge und Breite in Blau, Schwarz und Grün mit durchscheinendem Gelb sowie eine ovale, rote Fläche zu sehen. Am unteren Bildrand befindet sich eine tierähnliche Gestalt. Das Bild entstand im Jahre 1947 und erinnert mit seinen reduzierten Formen an die Traumbilder der zwanziger Jahre.
In diesem Bild überwiegen die fließenden abstrakten Formen gegenüber gegenständlichen

Bildteilen, die aber auch noch erkennbar sind und mögliche Deutungen zulassen.
Es ist anzunehmen, dass Miró auch dieses Bild ohne vorgefasste Idee begann und sich seiner „Traummalerei" überließ. Traum und Unterbewusstsein rückten wieder in den Mittelpunkt seines künstlerischen Schaffens. Die Bedeutung der Träume war ein wesentlicher Bestandteil der surrealistischen programmatischen Festlegung.
Miró gehörte zu den ersten und bedeutsamsten Malern des absoluten Surrealismus.
Die Unterwerfung der Hand unter die inneren Triebkräfte führte Miró zu vollkommener künstlerischer Freiheit. Die einzelnen Formen entzogen sich fast jeder beschreibenden Funktion und konnten in einem freien Raum agieren, für den die Gesetze der Abbildung, Perspektive, Proportion, Schwerkraft und Logik nicht mehr galten.
Seine fantasiereiche bildliche Sprache findet Ausdruck in der Einfachheit der Formen, in der Reinheit und Intensität seiner Farben und verleiht auch diesem Werk etwas Wunderbares, Märchenhaftes, Naives, Kindliches, Launiges, Erotisches und Poetisches.
Der blaue Farbstrich zieht sich wie ein Band von der Mitte des linken Bildrandes in einem hohen Bogen über die obere Kante bis zum rechten unteren Bildrand. Er umschließt den breiten, in der Mitte rechtwinklig nach innen abknickenden grünen Farbstrich, über den mit dem Pinsel auf der Waagerechten zwei dicke, kurze, fast parallel verlaufende schwarze Senkrechten gestrichen sind. Ebenso eingeschlossen wird der kontrastierende satte rote Farbfleck, der prägnant in das obere rechte Bildfeld gesetzt ist.
Die Figur am unteren Bildrand lässt durch abstrahierte minimale Bildzeichen wie Kopf, Körper und Beine eine Deutung auf ein tierähnliches Wesen zu.
Der Hintergrund ist weiß.
Im Sinne surrealistischer Darstellungen hat das Bild zwei verschiedene Ebenen.
Es ist auf der einen Seite die Harmonie der ausgewogenen Farben und schlichten Formen und es sind auf der anderen Seite die fantastisch-rätselhaften Bildzeichen, die eine nachvollziehbare Wirklichkeit suchen. Mit dem Titel gelingt eine inhaltliche Annäherung an die Tierfigur am unteren Bildrand. Für Miró ist die Titelfindung Teil des Gestaltungsprozesses und Stimulus für die Art und Weise seine Arbeit fortzusetzen. Im Gegensatz zu anderen Surrealisten, die mit dem Titel eher eine weitere Irritation dem Betrachter zumuten, ist für Miró der „Titel eine präzise Realität".
Die abstrahierte Darstellung der Tierfigur weist markante Merkmale seines titelgebenden realen Lebewesens auf.
Die Eidechse hat einen langen schlanken, langgestreckten Körper mit einem überkörperlangen Schwanz. Getragen wird der Körper von kurzen, stark entwickelten Beinen, die auf dem Bild sehr deutlich mit drei Zehen versehen sind. Aus dem Kopf schauen wache Augen. Bei Gefahr könnte das Tier blitzschnell davonhuschen.
Die Eidechse im Bild erscheint wenig schreckhaft. Mit hoch aufgerichtetem Kopf, den Blick in die Höhe gerichtet, auf den beiden Vorderfüßen nach oben gestemmt, den Schwanz keck geringelt, nimmt sie eine Haltung an, als warte sie auf etwas oder klage eine Antwort auf ihren „verliebten" Zustand ein.
„Lézard amoureux" könnte die unglücklich verliebte Eidechse sein, die jemanden herbeisehnt.
Der erotischen Anspielung wird die Absurdität sexueller Fantasien einer heiterkomischen Szene entgegengesetzt.
Der weiße Hintergrund kann als Tag gedeutet werden, der rote Farbfleck als Sonne und der achtstrahlige Stern könnte für die Weite des Alls stehen, die uns umgibt und vielleicht durch die blaue Umrandung symbolisiert wird.
In Mirós abstrahierender Kunst wird das Märchenhafte, Traumhafte, Wunderbare in die Bildsprache nicht-gegenständlicher Kunst transponiert.

Joan Miró: Complainte du lézard amoureux, 1947

1. Gestaltungsphase

Ästhetisches Verfahren: Neuinszenierung des Bildes

Unter Neuinszenierung versteht man eine methodische Möglichkeit, identische Bildteile eines Kunstwerkes, das man wie in diesem Falle noch nicht kennt, zu einem Bild zu legen.
Es werden ausgegliederte Bildelemente eines konkreten Bildes zur Verfügung gestellt, um eigene Bildkompositionen zu finden.
Der spielerische Umgang mit dem Material ist ein wesentlicher Aspekt des Verfahrens, der für diese Aufgabe von grundlegender Bedeutung ist.
Die Bildelemente befinden sich in einem Umschlag und werden an die Gruppen mit einem weißen Bogen Zeichenkarton DIN A3 verteilt, auf dem die ausgeschnittenen Bildteile zu einer Bildkomposition in Absprache mit den anderen Gruppenmitgliedern kombiniert werden.
Es ist ein Gestaltungsspiel mit realen Objekten. Deren Ausdeutung ist subjektiv und lässt erst im Gefüge Deutungen zu. Die Kinder werden zum spielerischen Experimentieren und Improvisieren mit den Bildelementen aufgefordert. Zufälligkeiten und mögliche Varianten werden in der Gruppe diskutiert, bis es schließlich im Einvernehmen mit allen zu einer endgültigen Entscheidung für eine Bildlösung kommt.
Abschließend sollen die Gruppenmitglieder sich einen Titel für ihr Bild ausdenken und notieren.

Ziele

- Mit den Bildteilen spielerisch experimentieren
- Über kompositorische Zusammenhänge in der Gruppe nachdenken und darüber diskutieren
- Bildteile nach thematischen oder formalen Gesichtspunkten legen

Verlauf

- Alle Kinder treffen sich im Sitzkreis. In der Mitte befindet sich ein weißer Bogen Zeichenpapier, auf dem ein verschlossener Umschlag liegt.
- Die Elemente aus dem Umschlag werden an die Kinder verteilt. Diese legen sie so auf den Bildträger, dass erste Erfahrungen einer Kombination mit den einzelnen Teilen gemacht werden können. Alle Teile werden vielfältig zueinander in Beziehung gesetzt.
- Mit allen Bildelementen soll in Gruppen eine eigene Bildkomposition gestaltet werden.

Die Gestaltungsaufgabe lautet:

„Und immer wieder anders" – Alle Bildelemente aus dem Bild von Miró zu einer eigenen Bildkomposition zusammenlegen und einen Titel erfinden.

- Es wird nun in Kleingruppen (4–5 Kinder) gearbeitet.
- Jede Gruppe bekommt ihre Materialien (1 Bogen Fotokarton in Weiß, einen Umschlag mit Bildelementen).
- Nach Beendigung der Legearbeit sollen die Gruppen einen Titel für ihr gemeinschaftliches Bild finden. Dieser Titel soll aus ca. 10 Buchstaben bestehen. Er wird notiert, das Bild ggf. fotografiert.

„Vogel trifft Krebs"

„Das sinkende Schiff"

Didaktisch-methodischer Kommentar

In der Auseinandersetzung mit Kunstwerken kann das Bild, wenn es als Einstieg für eine Unterrichtssequenz dient, Anlass für eine ästhetisch praktische Arbeit unterschiedlicher Schwerpunktsetzung sein.
In diesem Unterrichtsbeispiel wird der umgekehrte Weg, nämlich ein antizipierendes Verfahren, vorgeschlagen, indem Bildelemente vorgegeben werden, die zu einem Bild zusammengefügt werden sollen.
Die ausschnittweise Darstellung des Bildes stärkt die Wahrnehmungsfähigkeit der Kinder. Das verlangt von ihnen ein genaues Hinschauen, Nachdenken und Analogiebilden. Die ausgegliederten Bildteile sind keine eindeutigen Formen und entsprechen keiner gegenständlichen Zuordnung.

Die Gruppenarbeit ermöglicht den Kindern, gemeinsam mit Lösungsansätzen zu experimentieren und durch Austausch und gegenseitige Anregung zu vielfältigen Lösungsversuchen zu kommen. Im Austausch ihrer Gedanken mit den anderen werden sie angeregt, bewusster wahrzunehmen, indem sie ihre Empfindungen und Erlebnisse im Sinne ästhetischer Erziehungsprinzipien miteinander vergleichen, eigene Standpunkte stärken oder korrigieren. Gleichzeitig werden sie zu einem sozialen Miteinander hingeführt.
Bewusst werden die endgültigen Bildlösungen nicht aufgeklebt. Zu schnell könnte sonst bei den Kindern der Wunsch entstehen, eine schnelle fertige Lösung anzubieten. Dies stünde dem Experimentieren aber entgegen. Eine Möglichkeit, die Ergebnisse dennoch für die Kinder festzuhalten, ist die fotografische Dokumentation. Der Einsatz einer Digitalkamera ist kostengünstig. Gespeicherte Bilder können von den Kindern beliebig oft abgerufen werden.

2. Schreibphase

Schreibverfahren: Akrostichon

Das Akrostichon ist ein altes griechisches Schreibspiel. Man geht dabei von einem bedeutsamen Wort aus, dessen Buchstaben in Blockschrift senkrecht untereinander geschrieben werden. Die so gefundenen Anfangsbuchstaben einer Zeile bilden jeweils den Anfang eines Wortes, eines Satzes bzw. eines Satzteiles. In der Regel soll ein fortlaufender Text daraus entstehen. Ziel kann es aber auch sein, eine Wörtersammlung zu erhalten; dann werden einfach nur Wörter aus den Anfangsbuchstaben gebildet. Grundsätzlich kann dieses Verfahren als Einzel-, Partner- oder Gruppenarbeit durchgeführt werden.

Ziele

- Das Akrostichon als Gruppenschreibverfahren zum geselligen Schreiben kennen lernen
- Schreiben eines Akrostichons zu dem neuinszenierten Bild und dem selbst gewählten Bildtitel
- Auseinandersetzung mit dem neuinszenierten Bild durch Verfassen eines Gruppentextes

Verlauf

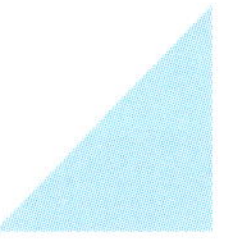

Der Schreibauftrag lautet:

Findet zu eurem Gruppenbild einen Titel. Schreibt ihn in Großbuchstaben untereinander auf ein großes Blatt.
Schreibt dann zu jedem Anfangsbuchstaben einen Satz, der zu eurem Bild passt. Insgesamt soll ein zusammenhängender Text zum Bild entstehen.

- Zeigen eines vorbereiteten Akrostichons und Besprechung der Struktur

Beispiel: Akrostichon

GESTERN HABEN TIM UND ICH EIN BAUMHAUS GEBAUT.
ACHT STUNDEN HABEN WIR DAZU GEBRAUCHT!
RATET MAL, WAS WIR DANN DARIN GEMACHT HABEN?
TIM UND ICH HABEN DARIN GESCHLAFEN.
ES WAR SUPER, ABER AUCH EIN BISSCHEN UNBEQUEM.
NATÜRLICH HABEN WIR UNS AUCH GRUSELGESCHICHTEN ERZÄHLT!

- Wahl des Bildtitels in der Kleingruppe
- Schreiben des Titels in Blockschrift untereinander auf ein Plakat
- Gemeinsames Formulieren und Schreiben eines Textes nach dem oben gezeigten Muster auf ein Plakat
- Aufhängen der Texte in der Klasse
- Zuordnen von Text und Bild in Form eines Ratspiels: Welcher Text gehört zu welchem Bild?

Didaktisch-methodischer Kommentar

Im vorliegenden Beispiel soll ein Gruppen-Text entstehen. Die Kinder sollen zu ihrer frei gestalteten Collage einen Titel suchen, dabei ist es sinnvoll ungefähr acht bis maximal fünfzehn Buchstaben zu verwenden. Der Titel kann aus einem Wort (z. B. „Zeitmaschine") oder mehreren Wörtern („Die Zeit vergeht") bestehen.
Die Buchstaben werden mit Großbuchstaben senkrecht untereinander geschrieben. Der Anfangsbuchstabe der Zeile ist immer der Anfangsbuchstabe des ersten Wortes der jeweiligen Zeile.
Plakatformat ist günstig. Am besten macht man das Verfahren an einem Beispiel deutlich. Grundsätzlich gibt es bei diesem Verfahren zwei Möglichkeiten, Texte zu erstellen:

A: Es werden so viele Sätze gebildet wie Buchstaben untereinander geschrieben wurden, d. h. pro Buchstabe und Zeile je ein Satz. Das Schreiben des Textes erfolgt in diesem Fall als Gruppenarbeit. Die Kinder schreiben abwechselnd. Während ein Kind schreibt, überlegen die anderen den nächsten Satz (vgl. Texte „Mann über Bord" und „Der olympische Pinguin" S. 15, allerdings wurde hier oft eine Mischform angewandt).
Oder:

B: Man kann auch zeilenübergreifend arbeiten, so dass der Zeilenanfang nicht unbedingt Satzanfang, sondern nur Wortanfang ist. Dann können auch weniger Sätze entstehen als Buchstaben vorhanden sind (vgl. Text „Das kleine Osternest" S. 16). Das Schreiben des Textes erfolgt auch hier als Gruppenarbeit. Dieses Verfahren ist etwas einfacher und bereitet den Kindern besonders viel Spaß. Um rechtschreibliche Probleme bei der Groß- und Kleinschreibung auszuschalten, sollte hier auf das Schreiben in Blockschrift (nur große Buchstaben) verwiesen werden.

Der Hinweis, genau zu lesen, was vorher geschrieben wurde und daran anzuknüpfen, ist bei beiden Varianten sinnvoll.
Auch das Schreiben verkürzter Sätze – Ellipsen genannt – ist dabei natürlich legitim.
Das Schreiben mit dicken Filzstiften erleichtert hinterher das Lesen.
Als Hilfe könnte man den Kindern anbieten, sich Linien zu ziehen, die den Abstand einer doppelten Linealbreite haben.
Durch die Konzentration auf die Buchstabenvorgaben wird die Aufmerksamkeit der Kinder auf formale Vorgaben gelenkt, die zum einen andere Denkrichtungen ermöglichen und zum anderen Schreibhemmungen verhindern können, weil Angst vor einem leeren Blatt nicht entstehen kann.
Die folgenden Texte wurden rechtschriftlich und von der Zeichensetzung her korrigiert und grobe grammatikalische Verstöße wurden ausgeglichen.

Mann über Bord

„Mann über Bord“

Mara und Nora wollten segeln gehen am Blausteinsee.
Aber ihre Muter sagte: „Kinder, es ist zu gefährlich, ihr könnt doch erst seit 5 Wochen segeln.
Noch zwei Wochen Segelunterricht, dann erlaube ich es.“
„Noch zwei Wochen? Aber in 2 Wochen sind die Ferien zu Ende!“
„Überleg noch mal, Mama.“
„Bleibt aber nicht zu lange, und nicht so weit!“, sagte die Mutter.
Es ist super Wetter mit Wind.
Ruhig und gemütlich segeln Mara und Nora auf dem Blausteinsee herum.
Bis ein Sturm kommt. Der zerreißt das Segel und das Steuer geht kaputt und fliegt weg.
O weh, da fliegt Mara über Bord. Sie schreit um Hilfe:

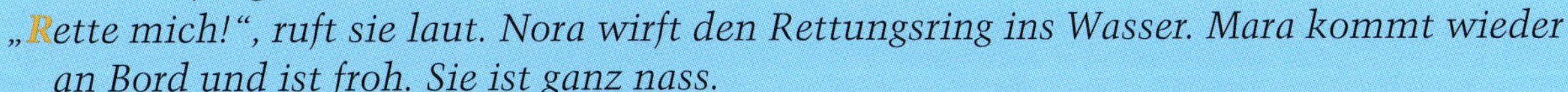

„Rette mich!“, ruft sie laut. Nora wirft den Rettungsring ins Wasser. Mara kommt wieder an Bord und ist froh. Sie ist ganz nass.
„Du liebe Güte!“, ruft die Mutter, als sie nach Hause kommen. „Ich bin froh, dass ihr gesund seid, meine Schätzchen.“

Der olympische Pinguin

„Der olympische Pinguin“

Der kleine Pinguin Pitt träumte schon mit drei Jahren von der Premiere beim Schispringen.
Er hat schon bei vielen Kinderschisprungwettbewerben gewonnen.
Rennwettbewerbe kann der kleine Pitt nicht so gut ausstehen.
Oliver, sein bester Freund, feuert ihn beim Schispringen immer an.
Leider kann Pitt dieses Jahr bei der Olympiade nicht mitmachen, weil er krank ist.
Yvonne, seine Freundin, kommt ihn darum jeden Tag besuchen.
„Manno, warum muss ich denn genau in diesem Monat krank sein“, sagt Pitt.
Pinguinmama Bulma sagt dann immer: „Bestimmt nächstes Jahr wieder, mein Kleiner.“
Im Fernsehen sieht Pitt wie andere gewinnen und er ist traurig.
Schispringer Hannawald schickt Pitt einen Gruß vom Fernsehen aus.
Es ist gut, dass ausnahmsweise im nächsten Jahr wieder Olympiade ist.
Pitt trainiert wie bekloppt.
Immer wieder springt er runter und läuft dann wieder nach oben.
Natürlich gewinnt er die Goldmedaille.
„Gold für Südpol!“, rufen alle Pinguine.
Und die Nationalhymne wird gespielt.
Im Bett träumt Pitt von dem schönen Tag.
„Nächstes Jahr will ich wieder Gold holen“, sagt Pitt zu seiner Freundin.

„Das kleine Osternest"

Das kleine Osternest

Der Hase
Adrian war am
Samstag im
Kino. Es lief
Little Panda.
Er
Isst
Noch
Ein
Osterei. Auf einmal sieht er
Seine
Tante
Emma, die
Raucht
Nie, weil sie lieber
Eier isst.
Sie
Tanzen noch zusammen.

3. Bildpräsentation

Bildbesprechung

Für die Bildbesprechung mit Kindern ergibt sich für die Interpretation dieses Kunstwerkes folgende Schwerpunktsetzung:

- Die Auseinandersetzung im Vergleich mit ähnlichen oder andersartigen Kunstwerken:
  Bildervergleich bei gleichen/gegensätzlichem Motiv, bei gleichem/gegensätzlichen bildnerischen Mitteln …
- Auseinandersetzung mit dem Inhalt/Motiv eines Bildes:
  Welche Gegenstände, Szenen, Aktionen sind dargestellt und werden wiedererkannt … ?
- Auseinandersetzung mit der formalen Gestaltung, bzw. mit dem Aufbau eines Bildes (bildnerische Mittel):
  Welche Farbigkeit, Farbgebung, Komposition, Bildachsen, Vorder-/Hindergrund usw. weist das Bild auf …?
- Auseinandersetzung mit der künstlerischen Stilepoche, in der ein Bild gemalt wurde:
  Welche Darstellungsweise wählte der Künstler/die Künstlerin für die Bildgestaltung …?
- Auseinandersetzung mit der Lebensgeschichte des Künstler/der Künstlerin:
  In welcher persönlichen Situation befand sich der Künstler/die Künstlerin, als er/sie das Bild malte …?

Ziele

- Sinnliche Wahrnehmungsfähigkeit durch vergleichende Analyse schulen
- Deutungsmöglichkeiten von abstrakten Bildelementen in Beziehung zum Bildtitel setzen
- Künstlerische Ausdrucksweisen kennen lernen

Verlauf

- Die Kinder sitzen im Halbkreis vor der Tafel. Das Bild „Complainte du lézard amoureux" von Miró wird ihnen nun präsentiert.
- Sie erhalten die Gelegenheit sich in Ruhe auf das Bild einzulassen.

Impuls:

„Vergleicht eure Ergebnisse mit dem Künstlerbild!"

- In der Auseinandersetzung mit ihren eigenen Arbeiten werden die Kinder angeregt, eine vergleichende Analyse der kompositorischen Darstellung anzustellen.
- Im weiteren Verlauf der Bildbetrachtung werden im gelenkten Gespräch Ergebnisse zusammengefasst, die Kriterien des Bildes benennen.

Didaktisch-methodischer Kommentar

In der Erweiterung ihrer Rezeptionsfähigkeit durch Sehen, Handeln, Analysieren und Verstehen bahnen sich Kritikfähigkeit und Urteilsvermögen an.

Nicht allein das spielerische Experimentieren mit den Bildteilen und das Finden einer Bildkomposition stehen im Mittelpunkt; dieses Vorgehen ist vielmehr eine methodische Möglichkeit eine Bildbetrachtung vorzubereiten.

Durch das Hantieren mit den Ausschnitten soll die Neugier der Kinder geweckt und ihre Fantasie und Kreativität angeregt werden. Die Kinder sollen lernen, Bildzeichen in einem Gesamtgefüge zueinander in Beziehung zu setzen.

Mit dieser Konzeption wird also eine Intensivierung von Wahrnehmungsprozessen bei der Bildbetrachtung gefördert. Das Zurechtfinden durch Wiedererkennen und die Spannungssteigerung auf eine Bildinterpretation hin werden dabei angestrebt.

Duane Hanson: Touristen II

(Bildvorlage S. 22)

„Eine dieser Arbeiten zu erschaffen ist wie das Herstellen einer Collage.“

1. Bildpräsentation: Bildassoziationen festhalten

2. Schreibverfahren: Rondell

3. Ästhetisches Verfahren: Collage

Medien und Material	Vorbereitung
Anzahl jeweils in der halben Klassenstärke: • Farbkopien „Touristen II“ (s. S. 22) • Arbeitsblatt „Rondell“ (s. S. 26) • Zeichenblätter im DIN-A2-Format • Reisekataloge, Zeitschriften • Tonpapierreste, Schere, Klebstoff • Mal- und Schreibutensilien	Kopieren und bereitlegen: • Farbkopien „Touristen II“ • Arbeitsblätter für das Schreibverfahren • Alle Materialien bereitlegen; Klebstoff wird später ausgeteilt

Duane Hanson

DUANE HANSON (17. 01. 1925–06. 01. 1996), amerikanischer Bildhauer und Vertreter des Realismus. Aus Fiberglas und echten Kleidungsstücken schaffte er lebensgroße Figuren, die das Leben eines amerikanischen Durchschnittsbürgers in typischen und alltäglichen Lebenssituationen zeigen.

DUANE HANSON wurde am 17. 01. 1925 in Alexandria, Minnesota, USA, geboren. Er studierte von 1943–51 an verschiedenen Universitäten Kunst und Bildhauerei, schloss mit dem „Master of Arts“ ab und unterrichtete an Schulen Kunst.
Nach seinem Umzug nach New York bereiste er Europa und kam 1953 nach Deutschland, wo er an amerikanischen Schulen wieder Kunst unterrichtete und nebenher als freier Künstler arbeitete. In dieser Zeit erlernte er die Technik Figuren aus Polyesterharz und Glasfiber zu gießen.
Er kehrte 1961 in die Staaten zurück, unterrichtete wieder Kunst und Bildhauerei bis 1969.
Von 1967 an begann er menschliche Figuren-Plastiken zu gestalten, die ohne Sockel auf dem Boden standen oder lagen. Durch ihre realistische Ausstattung sahen sie so lebensecht aus, dass die Figuren sich in ihrer Normalität und Durchschnittlichkeit unter uns mischen könnten ohne aufzufallen.
Bei genauerem Hinsehen nimmt man erst ihre Künstlichkeit wahr, ihre anhaltende Regungslosigkeit und Ungerührtheit. Es sind Momente eingefangen, wie sich Menschen verhalten und bewegen, wenn sie sich nicht beobachtet fühlen. Die Figuren sind in sich gekehrt und scheinen ihren alltäglichen Gewohnheiten nachzugehen.
In seiner ersten Schaffensphase setzte sich Hanson kritisch mit sozialen und politischen Themen auseinander. Es entstanden Personengruppen in konkreten Situationen, die detailgenau mit allen Accessoires versehen, dargestellt wurden.
Später konzentrierte sich Hanson mehr auf die Einzelfigur. Er nahm sich dem Einzelschicksal des amerikanischen Menschen aus der unteren Mittelschicht an, der keine besondere Rolle in der Gesellschaft spielte.
Mit außergewöhnlichem Einfühlungsvermögen beschrieb er Alltagssituationen, die auf bedrückende Weise ein bestimmtes Klischee des Durchschnittsamerikaners widerspiegelten.
Bis zu seinem Tod Anfang 1996 schuf er etwa 130 dreidimensionale menschliche Figuren im Maßstab 1 : 1.

Der Herstellungsprozess

Die Herstellung einer Figur oder einer Figurengruppe war kompliziert und vollzog sich schrittweise in einer Abfolge unterschiedlicher Tätigkeiten.

Wenn Hanson sich für einen neuen „Typus" entschieden hatte, suchte er nach einem geeigneten lebenden Modell.
Er sprach nicht den Prototyp auf der Straße an, sondern sah sich im Kreise seiner Bekannten und Studenten und Studentinnen um.

Sein ausgewähltes Modell wurde in die typische Körperposition gebracht, wie der Künstler seinen Protagonisten erinnerte und rekonstruieren wollte.

Danach formte er den Körper mit einem komplizierten Verfahren ab:
Zuerst wurde er mit einer dünnen Silikon-Kautschuk-Masse überzogen. Anschließend folgte eine stabilisierende Schicht aus Gips mit Fiberglasgewebe. Die entstandenen Hohlformen wurden vorsichtig vom Körper heruntergenommen und an ihren Schnittstellen wieder zusammengefügt. Besonders schwierig war die Abformung des Gesichtes.

Die Hohlformen wurden mit einem Kunststoff ausgegossen, die Körperteile wieder sorgfältig zusammengesetzt, die Ansatzstellen verrieben, der gesamte Körper noch einmal überarbeitet und zum Bemalen geglättet.
Die Bemalung verlangte von dem Künstler nicht nur perfekte Maltechniken zur Realisierung besonderer Erkennungsmerkmale dieses Menschentypus, sondern auch eine Intuition für gewünschte Ausdrucksformen.

Danach zog Hanson die Figur „richtig" an. Aus einem Fundus von Kleidern wählte er mit sicherem Gespür das typengerechte Outfit aus. Ebenso gekonnt gelang die Wahl der Frisur, der Requisiten und der Accessoires.

Mit differenzierter Beobachtungsgabe und handwerklicher Perfektion schuf er alle seine menschlichen Figuren, die er liebevoll „seine Familie" nannte.

„Touristen II", 1988

Lebensgroße Skulptur aus Polyvinylacetat

Als Plastiken der Pop-Art entstanden die lebensgroßen, täuschend lebensechten polychromen Kunststoff-Figuren von Duane Hanson, die er bemalte, anzog und mit Accessoires ausstattete.
Die „Touristen II" sind eine Zweiergruppe und entsprechen in Outfit und Haltung dem Klischee der Pauschaltouristen. Als reiselustige Vertreter dieser Gruppe sind sie Teil des Massentourismus, der zigmillionen Menschen jährlich als Touristen unterwegs sein lässt.
Es fällt nicht schwer, beide Figuren als Paar zu identifizieren, das in äußerer und innerer Übereinstimmung zusammengehört.
Mit starrer und ernster Miene nehmen beide ein Objekt wahr, zu dem sie mit gleichem Blick aufschauen. Keine weitere Regung ist ihrer Mimik zu entnehmen. Sie stehen immer so da, breitbeinig, standfest, ihren übergewichtigen Körper ausbalancierend.
Die von Hanson sorgfältig ausgesuchte Kleidung, die praktisch, luftig, leicht und ein bisschen gewagt ist, und die Accessoires passen und unterstreichen den Typus des Pauschaltouristen:
Das quergestreifte Polohemd der übergewichtigen Frau macht sie noch breiter. Der Gedanke einer figurkaschierenden Musterung liegt ihr fern. Geschmacklich konsequent dazu hat Hanson sie mit einer roten langen Hose bekleidet. Umfang und Beinlänge passen nicht zusammen. Die Hose spannt um den Bauch und um die kräftigen Oberschenkel. Die Hosenbeine werfen Falten über den schmalen Fußgelenken. An den nackten Füßen trägt die Frau leichte Sandalen, die mit einem Riemchen zwischen dem dicken Zeh und den anderen Zehen gehalten werden. Es sind luftige Sandalen, die den Füßen bei heißen Temperaturen angenehme Kühlung versprechen, aber die zur Qual bei anstrengenden Besichtungen werden, weil sie wenig Halt geben.
Der Mann trägt ein buntes Freizeithemd, das leger über weiten grünen Shorts hängt, aus denen stramme Männerbeine herausragen. Sie stecken in Tennissocken und Jogging-Schuhen, die mit Klettverschlüssen gehalten werden.
Beide tragen eine Kopfbedeckung, wie sie die Industrie für Sport und Freizeit vorschlägt. Beide tragen ähnliche Brillen mit getönten Gläsern.

Und beide haben sie einen Fotoapparat griffbereit um den Hals hängen für das schnelle Foto. Seine Fotoausrüstung sieht etwas professioneller aus als die ihre. Die Tasche an seiner rechten Schulter scheint weitere Utensilien fürs Fotografieren zu enthalten.
Sie dagegen hält in der rechten Hand eine Plastiktasche, die vollgestopft ist, möglicherweise mit Souvenirs und einem schnellen opulenten Imbiss. In der anderen Tasche sind vielleicht die üblichen Reiseutensilien, wie Ausweispapiere, Geld, Hygiene-Tücher etc.
Die Detailgenauigkeit trifft auch auf Haare, Augen, Nase, Mund, Oberlippenbart und die Behaarung an Armen und Beinen zu. Auch die Fuß- und Fingernägel, der Gesichtsausdruck, die Kopfhaltung, die Haltung des Körpers und die Haltung der beiden als Paar sind perfekt ausgewählt und aufeinander abgestimmt.
Mit den „Touristen" führt Hanson auch wieder dem Betrachter ein bestimmtes Klischee vom „unmöglichen" Amerikaner vor Augen: in beklemmender Isolation stehen sie vor uns, in ihrer Traurigkeit, Resignation, Leere oder Einsamkeit.

Duane Hanson: Touristen II, 1988

1. Bildpräsentation

Bildassoziationen festhalten

Es ist eine rezeptive Auseinandersetzung mit einem Werk, durch notierte Assoziationen in Partnerarbeit viele Ideen festzuhalten.
Geschrieben wird auf die Ränder neben und über dem Bild.
Die Kinder sollen zu dem Werk assoziieren und ihre Einfälle aufschreiben. Austausch und Absprachen mit der Partnerin oder dem Partner sind erlaubt und erwünscht. Jede bzw. jeder liest, was die oder der andere geschrieben hat, und lässt sich vielleicht dadurch für weitere Gedanken, Wörter und Einfälle inspirieren. Ziel ist es, ein möglichst breites Ideenfeld, das den Zugang zum Werk des Künstlers anbahnt und vorbereitet, zu sammeln.

„So viele Orte“, Hannah, Vanessa

Ziele

- Sinnliche Wahrnehmungsfähigkeit durch Fantasieren schulen
- Kombinieren und ausdeuten interner und externer Vorstellungsbilder
- Ideen notieren

Verlauf

- Paarweise erhalten die Kinder eine Kopie von dem Bild „Touristen II“.

Impuls:

„Schreibt eure Gedanken über das Paar auf. Formuliert dann einen passenden Satz über die beiden und notiert diesen in das untere Kästchen!“

- Die Kinder tauschen sich aus und schreiben ihre Gedanken, Wörter und Einfälle auf die Ränder neben der Abbildung auf.
  Das Kästchen unter dem Arbeitsblatt sollte dabei noch frei bleiben.
- Die Kinder werden aufgefordert, einen für sie wichtigen, prägnanten Satz zu dem Bild zu formulieren und in das Kästchen zu notieren.

Didaktisch-methodischer Kommentar

Ein erster Austausch über das Bild „Touristen II“ von Duane Hanson in Partnerarbeit ist in diesem Fall sinnvoll, da das Bild einen hohen Aufforderungscharakter hat und viele Assoziationen zulässt. Gegebenfalls müssen die Kinder erinnert werden, ihre Äußerungen in Form von kurzen Gedankenblitzen auch zu verschriftlichen. Dies ist wichtig, weil die um das Bild „Touristen II“ herum aufgeschriebenen Wörter und Satzfragmente später in der Schreibphase als Unterstützung dienen können.

Die schriftliche Äußerung hat außerdem den Vorteil, dass sich alle Kinder angesprochen fühlen – auch diejenigen, die sich unsicher bei Meinungsäußerungen vor der Klasse fühlen und mit diesem Verfahren auch zu Wort kommen.
Nachdem den Kindern ausreichend Zeit gegeben wurde für ihren Austausch und ihre schriftliche Notation der Gedanken, erhalten sie den Auftrag, nun einen wichtigen Satz oder einen wichtigen Ausruf, eine Aussage oder Frage zu dem Bild zu formulieren und unter das Bild in das Kästchen zu schreiben. Dies ist eine nicht ganz leichte Aufgabe. Der Hinweis auf die helfenden Wörter am Rand ist deshalb manchmal noch notwendig.

2. Schreibphase

Schreibverfahren: Rondell

Das Rondell (le rondel) ist ein lyrisches Schreibverfahren, das von der Wiederholung einzelner Verszeilen lebt.
Insgesamt besteht es aus acht Zeilen:
Der Text der ersten Zeile wird in der vierten und siebten Zeile wiederholt. Zeile zwei und acht sind ebenfalls gleich. Die restlichen drei Zeilen werden ergänzt.
Es ist in der Regel kein Reimgedicht.

Eine zweite Rondell-Form ist die Form a b c b a. Der erste und zweite Satz werden in umgekehrter Reihenfolge in der vierten und fünften Zeile wiederholt. Die dritte Zeile wird frei assoziiert.

● *Jetzt ist der Flieger weg*
○ *Mit unserem Gepäck*
Nur weil wir Pommes wollten
● *Jetzt ist der Flieger weg*
Und der Urlaub auch
Schade!
● *Jetzt ist der Flieger weg*
○ *Mit unserem Gepäck*

Ziele

- Schreiben eines Rondells zu dem Bild „Touristen II"
- Nutzen des Schreibverfahrens „Rondell" beim Verfassen lyrischer Texte
- Verdeutlichung der Bildaussage in Form eines Rondells

Verlauf

- Austeilen des vorstrukturierten Arbeitsblattes.
- Erklären des Schreibverfahrens anhand des Arbeitsblattes.

Der Schreibauftrag lautet:
„Schreibt ein Rondell mit Hilfe des bereits gefundenen Satzes."

- Schreiben eines Rondells in Partnerarbeit oder auch in Einzelarbeit.
- Später: Einarbeiten des Textes in die Collage.

Didaktisch-methodischer Kommentar

Für Kinder ist das Verfahren des Rondells eine einfache Art Gedichte zu erstellen. Das mit Symbolen versehene Arbeitsblatt bietet dafür eine übersichtliche Struktur (s. S. 26). Da der erste Satz sich noch zweimal wiederholt und die dafür vorgesehenen Zeilen jeweils mit gleichem Symbol kenntlich gemacht worden sind, ist die Aufgabe für die Kinder relativ einfach. Schnell hat man das Gefühl, schon einen großen Teil des Gedichtes geschrieben zu haben. Schreibhemmungen entstehen hierbei deshalb kaum.

Die Kinder erhalten das vorstrukturierte Arbeitsblatt und schreiben mit Hilfe der selbst gefundenen Assoziationswörter in die erste Zeile einen prägnanten Satz. Er kann im Hinblick auf das Bild z. B. bedeutsam, witzig, nachdenklich, fragend oder lustig sein. Dieser Satz wird auch in die 4. und 7. Zeile geschrieben.

Spezielle Einfälle zu der ersten Zeile oder sonstige Ideen zum Bild werden in die 2. Zeile geschrieben und dann in der 8. Zeile wiederholt. Die Einfälle für die restlichen 3 Zeilen können die Kinder wieder durch ihre Assoziationswörter oder durch den mündlichen Austausch erhalten. Hinsichtlich der Partnerarbeit kann es unter Umständen zu Problemen kommen, wenn die Kinder sich nicht auf einen gemeinsamen ersten Satz einigen können. Dann ist es auch möglich, die Kinder verschiedene Texte oder einzelne verschiedene Zeilen schreiben zu lassen. Ein gemeinsamer Austausch sollte aber in jedem Fall stattfinden. Grundsätzlich sollten Kinder zwar so oft wie möglich dazu angeleitet werden, sich mit einer Partnerin oder einem Partner zu verständigen. Beim Schreiben von Texten, einem sehr individuellen Vorgang, sollte man den Kinderwünschen aber nach Möglichkeit entgegenkommen und Einzelarbeit auch zulassen. Ein Hinweis, dass vielleicht bei den weiteren Zeilen zumindest gemeinsame Ideen entwickelt werden können, und ein Hinweis auf die sich anschließende Partnerarbeit bei der Collage ist hier aber angebracht.

Die entstandenen Texte werden anschließend in der Collage verwendet, sowohl inhaltlich durch Einbeziehung der Schreibidee als auch konkret durch Hineinkleben des Textes oder sonstige Variationen, wobei der Text natürlich auch zerschnitten werden kann. In diesem Fall sollte er vorher noch einmal abgeschrieben oder kopiert werden.

Die Präsentation der Texte erfolgt erst in der Abschlussphase in Verbindung mit den Collagen.

Sie wollten zum Strand.
Doch sie haben das Flugzeug verpasst.
Sie denken: Das Flugzeug ist weg, weil …
Sie wollten zum Strand.
Sie haben das Schwimmzeug gepackt.
Sie haben sich so doll gefreut, weil …
Sie wollten zum Strand.
Doch sie haben das Flugzeug verpasst.

Sie gehen, sie stehen, sie sehen.
Sie essen, sie fressen.
Sie gucken verdutzt.
Sie gehen, sie stehen, sie sehen.
Sie sehen das Flugzeug fliegen.
Sie haben Frust.
Sie gehen, sie stehen, sie sehen.
Sie essen, sie fressen.

„Urlaub pur“, Elena und Lara

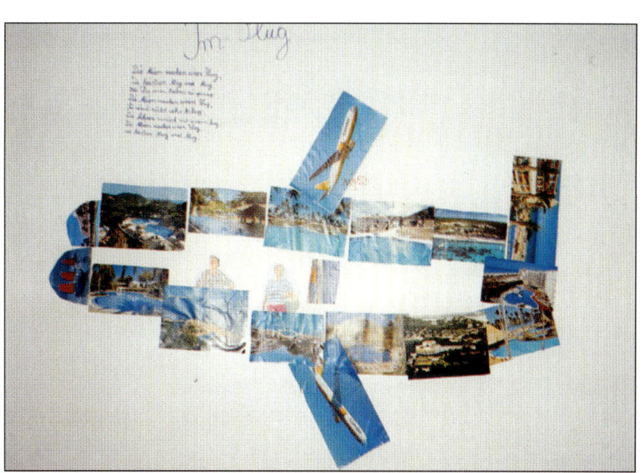

„Im Flug“, Thomas

Rondell

Ein Rondell ist ein Gedicht, das aus 8 Zeilen besteht, wobei die Zeilen 1 ○, 4 ○ und 7 ○ gleich sind. Ebenso stimmen die Zeilen 2 ● und 8 ● überein.

a) Denke dir zu dem Bild einen passenden Satz aus. Beginne damit dein Rondell und schreibe diesen Satz auch in die 4. und 7. Zeile.

b) Lies den ersten Satz noch einmal durch. Was fällt dir dazu noch alles ein? Schreibe deinen Gedanken auf. Dies wird der 2. Satz in deinem Rondell. Schreibe diesen Satz auch in die 8. Zeile.

c) Jetzt ergänze die übrigen Zeilen.

1. ○ ____________________

2. ● ____________________

3. ____________________

4. ○ ____________________

5. ____________________

6. ____________________

7. ○ ____________________

8. ● ____________________

3. Gestaltungsphase

Ästhetisches Verfahren: Collage

Der Begriff „Collage" beschränkt sich längst nicht mehr auf das geklebte Bild, sondern ist zum Sammelbegriff für jene Bilder, Reliefs und Objekte geworden, die Unterschiedliches kombinieren. Dabei sind Zufall und Improvisation während des Gestaltungsvorgangs notwendig und erwünscht. Als Gestaltungsmittel werden reale, gezeichnete, fotografierte, gemalte oder modellierte Teile in immer wieder neuen Variationen arrangiert und kombiniert.
Die Collage ist das Ergebnis eines „Gestaltungsspiels", das den Einfall, die spontane Idee, die Assoziation ästhetisch nutzt.
Die Tätigkeiten, die den Arbeitsprozess des Collagierens im Wesentlichen bestimmen, sind Auflösen, Kombinieren und Verbinden. Im Gestaltungsprozess spielen alle Teilbereiche des Collagierens eine wichtige Rolle. Er beginnt mit dem Auflösen und wird durch das Verbinden abgeschlossen.
Die Vorstufe für das Collagieren ist das Sammeln. Beim Sichten des gesammelten Materials wird man zunächst eine grobe Vorauswahl treffen und sich dann die Farbstücke oder Motive, Teile oder Versatzstücke herausschneiden oder -reißen, herausbrechen oder -sägen, die für die Bild- oder Objektidee brauchbar erscheinen. Vielleicht müssen größere Teile zerlegt, Einzelteile weggeschnitten oder übermalt werden. Das Ursprungsmaterial wird also „aufgelöst" und Teile daraus ausgewählt, die anschließend verarbeitet werden.
Nun beginnt die Phase, gewonnene Elemente in Beziehung zu setzen. Jetzt werden Möglichkeiten der Kombination ausprobiert, wieder verworfen, verschoben, verrückt und neu gelegt. Diese Stufe hat einen hohen Anspruch an die kreative Leistung eines jeden. Sie endet vorerst, wenn eine Bild- oder Objektidee steht, wobei geringfügige Veränderungen noch möglich sind.
In der abschließenden Runde werden die Teile befestigt. Geschick und Konzentration beim „Verbinden" der Bildteile oder bei der Montage gegenständlicher Teile sind gefragte Eigenschaften. Hier können sowohl bekannte Techniken, als auch improvisierte Verfahren angewendet werden.

Ziele

- Materialien und Bilder nach thematischen Gesichtspunkten auswählen
- Mit ausgewählten Teilen spielerisch experimentieren
- Über kompositorische Zusammenhänge nachdenken und ästhetische Wirkungen hervorrufen

Verlauf

- Die „Touristen" werden aus dem Arbeitsblatt geschnitten, weil sie nun für die Collage verwendet werden.
- Die Zeichenblätter für die Collage werden verteilt.
- Reisekataloge, Zeitschriften, Tonpapierreste, Farben und Malutensilien liegen auf einem Materialtisch bereit.
- Aus Elementen der Farbkopie und der Abbildungen aus den Katalogen und Zeitschriften wird eine Collage erstellt.

Die Gestaltungsaufgabe lautet:

„Touristen" – Gedanken und Gefühle zum Touristen-Paar und dem Rondell werden in einer Collage künstlerisch umgesetzt.

- Zum Schneiden, Legen, Probieren, Hin- und Herschieben ... sollen die Kinder sich mindestens 30 Minuten Zeit lassen, bevor sie anfangen zu kleben.
- Tonpapierreste, Farben und Malutensilien können ebenfalls verwendet werden.
- Das Rondell wird in das Bild geklebt oder einfach neu geschrieben.
- Die Bilder werden präsentiert, angeschaut, die Gedichte werden still gelesen.
- In einem Reflexionsgespräch werden Eindrücke artikuliert und Gestaltungs- und Schreibideen miteinander verglichen und auf ihre Wirkweise hin analysiert.

Didaktisch-methodischer Kommentar

Die Collage ist ein ästhetisches Verfahren, das der Fantasie einen großen Spielraum lässt.

„Mallorca", o. N.

„Fernreisen", Katja, Christopher, Niklas

„Der Urlaubstraum", o. N.

Die Möglichkeit kreativ zu sein, ohne realistische Abbildungsverfahren beherrschen zu müssen, bietet vielerlei Freiräume der Gestaltung. Ein gelungener ästhetischer Unterricht findet ohne Angst vor dem Versagen statt und fördert die Umsetzung einfallsreicher und ungewöhnlicher Ideen. Denn nicht das „schöne" Endprodukt zählt, sondern der schöpferische Prozess, der als experimentelles Spiel mit den Bildteilen herausfordert. Daher soll die Gestaltungsaufgabe offen sein und zur intensiven Auseinandersetzung mit dem Thema und dem ästhetischen Verfahren anregen.

Die Kinder werden bereits im Vorfeld am Sammeln beteiligt. Sie können alte Reisekataloge und andere Zeitschriften mitbringen. Ferienkataloge sind leicht zu beschaffen, auch solche, die besonders exklusiv mit Bildmaterial ausgestattet sind und für Kinder Aufforderungscharakter haben hineinzuschauen, zu blättern, auszuwählen. Mit der Auswahl kommt vielleicht schon die Idee, die realisiert werden soll.

Zum Schluss darf geklebt werden. Aus Erfahrung ist zu raten, den Klebstoff erst in der letzten Phase den Kindern zur Verfügung zu stellen, denn mit jeder Verzögerung kommt bestenfalls ein neuer Gedanke und eine neue Aktion dazu, die dem Bild vielleicht noch eine neue Richtung gibt. Dies gehört zu den Möglichkeiten die Betonung mehr auf den Gestaltungsprozess zu verlagern als auf das Ergebnis. Damit wird die schnelle Festlegung auf eine Bedeutung vermieden und die Kreativität des Kindes in besonderer Weise gefordert.

Die Würdigung des Ergebnisses wirkt für jedes Kind ermutigend, wenn es eine Anstrengung vollzogen hat, die allein auf seiner Idee und seinem Können beruht und nicht den Normen einer Erwachsenenvorstellung entspricht. Nur so wird selbstreguliertes Lernen angebahnt, Motivation aufrecht erhalten und Flexibilität im Gebrauch von Realisationsmöglichkeiten gefördert.

Pablo Picasso: Vogelfangende Katze

(Bildvorlage S. 33)

„Ich wollte Maler werden und bin Picasso geworden."

1. Bildpräsentation: Kalendertechnik

2. Schreibverfahren: Kurzroman

3. Ästhetisches Verfahren: Malen und Zeichnen mit Pastellkreide

Medien und Material	Vorbereitung
• „Vogelfangende Katze“ als Folie (s. S. 33) und Overheadprojektor • 2 Abdeckblätter mit je drei Fenstern für die Bildpräsentation (Kalendertechnik)	• In das Abdeckblatt je 3 Türchen schneiden (s. S. 34) • Das abgedeckte Bild präsentieren.
• „Schlafende Katze“, „Sam“ und „Zwei Katzen“ als Folien oder Farbkopien (s. S. 41 ff.)	• Die weiteren drei Katzenabbildungen verdeckt aufhängen.
• Pastellkreide • Schwarzes Tonpapier, DIN A3	• Pastellkreide und schwarzes Tonpapier bereitlegen
• Gedicht „Katzenjammer“ (s. S. 37)	• Gedicht „Katzenjammer“ ggf. für jedes Kind kopieren

Pablo Picasso

PABLO PICASSO, eigentlich Pablo Ruiz y Picasso, (25. 10. 1881–10. 04. 1973), spanischer Maler, Graphiker und Bildhauer, einer der bedeutendsten Wegbereiter und Repräsentanten der Kunst des 20. Jahrhunderts.
Picasso galt als Begründer neuer Stilrichtungen sowie innovativer technischer Verfahren. Er war zugleich von einzigartiger Produktivität.

Picasso wurde am 25. Oktober 1881 in Málaga als Sohn des Kunstlehrers José Ruiz Blasco und seiner Ehegattin María Picasso y López geboren, mit deren Mädchennamen er ab 1898 seine Bilder signierte. Seine künstlerische Begabung trat bereits in früher Jugend zutage. Mit fünfzehn Jahren, d. h. vor Erreichen des vorgeschriebenen Mindestalters, besuchte er die Kunstschule „La Lonja“ in Barcelona und 1897 die „Academia San Fernando“ in Madrid.

Mit 19 Jahren kam er zum ersten Mal nach Paris und ließ sich 1904 endgültig dort nieder.

Das Bild „Vogelfangende Katze“ entstand im Jahre 1939, in dem Jahr, in dem der Zweite Weltkrieg ausbrach.

Die Katze, die einen Vogel erbeutet hat, wird als brutales Raubtier interpretiert, in einem ungleichen Kampf zwischen ungleichen Gegnern.

Auch mit diesem Bild, wie mit vielen anderen Bildern, die während des Krieges entstanden sind, antwortet Picasso in seiner subjektiven Analyse auf die Schreckensereignisse des Krieges. Mit symbolträchtigen Aussagen, bezogen auf das menschliche Antlitz und den Körper, auf Tiere und Stillleben, findet seine tiefe Betroffenheit zu den Kriegsereignissen und der menschlichen Fähigkeit, sich gegenseitig Leid zuzufügen, einen leidvollen Ausdruck.

Nach dem Zweiten Weltkrieg, im Jahre 1946, verließ Pablo Picasso Paris und zog nach Südfrankreich um.

Er starb am 10. April 1973 im Alter von 91 Jahren und wurde in der Nähe seiner Häuser in Mougins (bei Cannes) begraben.

„Vogelfangende Katze", 1939

Öl auf Leinwand, 81 × 100 cm
Musée Picasso, Paris

Das beherrschende Thema ist eine Tigerkatze, die von rechts ins Bild kommt, mit direktem Blick auf die Betrachter. Aus ihrem Maul baumelt ein eben geschlagener Vogel, der eine klaffende Wunde davongetragen hat.
Der stämmige Körper der Katze entspricht nicht der gewohnten Vorstellung von Geschmeidigkeit und Eleganz. Der kantige Kopf, der zum Buckel gesträubte Rücken, die balkenartigen Beine und der gestreckte, breite Nacken zeigen die Seite des Tieres, die raubt und tötet.
Die monumental angelegte Katzendarstellung wirkt durch die trübe Farbgebung noch erschreckender. Die grauschwarze Tigerzeichnung wird mit vier breiten schwärzlichen Pinselstrichen über dem Rücken dargestellt, sie enden an der Seite und lassen den Bauch in der graublauen Farbgebung unförmig erscheinen.
Das Schwarz wiederholt sich wie ein Schatten auf der rechten Gesichtshälfte der Katze. Sämtliche Körperteile des Vogels, der Kopf mit dem weit aufgerissenen Schnabel und Auge, der Rumpf, die Flügel, die Schwanzfedern und die dünnen Beine mit den Zehen, sind konturenscharf. Dazu kontrastieren das Rot der blutenden Wunde und das Gelb der austretenden Eingeweide.
Der wehrlose Körper des getöteten Vogels und der kantige Katzenkopf lassen eine Täter-Opfer-Interpretation zu.
Der Kopf der Katze wirkt wie eine Maske, in der sich menschliche Züge und tierische Merkmale vermischen. Die spitzen Ohren und die Stirn sind mit einem gebogenen Pinselstrich festgelegt. Die beiden übergroßen, mandelförmigen Augen sind weit aufgerissen. Darunter wird sowohl das Profil als auch die Frontalansicht der röhrenförmigen Nase sichtbar. Der Mund ist schwarz konturiert und mit weißen Strichen versehen, die wie kleine Säbel die Schärfe und Kraft der Zähne unterstreichen und dem Gesicht insgesamt einen Ausdruck von Kälte und Gefühllosigkeit geben.
Ebenso gefährlich und todbringend wirken die Krallen, die sich wie Widerhaken in den Untergrund, der als First eines Daches oder als Balken gedeutet werden könnte, einritzen und dem Tier Standfestigkeit sichern.
Die Katze ist in einem Moment dargestellt, wo sie den arglosen Vogel durch Bisse und heftiges Schlagen mit dem Kopf getötet hat. Bevor sie den Vogel abschleppt, observiert sie in erstarrter Haltung ihre Umgebung, um sich eines gefahrlosen Abgangs zu vergewissern.

Pablo Picasso: Vogelfangende Katze, 1939

1. Bildpräsentation

Kalendertechnik

Das Abdeckblatt für die Folie im DIN-A4-Format wird mit 3 Türchen (Adventskalender) so vorbereitet, dass die drei ausgewählten Ausschnitte des Bildes nacheinander aufgeklappt werden können. Die hier vorgeschlagenen Ausschnitte können ebenso wie die Anzahl variiert werden. Die nach Motiven, Farben, Formen oder Leerstellen in unterschiedlicher Größe ausgewählten Ausschnitte sollen beim Aufklappen zu freien Assoziationen motivieren.

Tipp

Legen Sie das gleich große Abdeckblatt unter das Bild und suchen Sie sich mit einem selbst angefertigten kleinen Passepartout die Stellen des Bildes aus, die später aufgeklappt werden sollen. Stechen Sie mit einer Nadel durch das Original und kennzeichnen Sie dadurch Eckpunkte auf dem Unterblatt (später Abdeckblatt). Schneiden Sie danach mit einem Cutter drei Seiten an jedem Türchen auf.

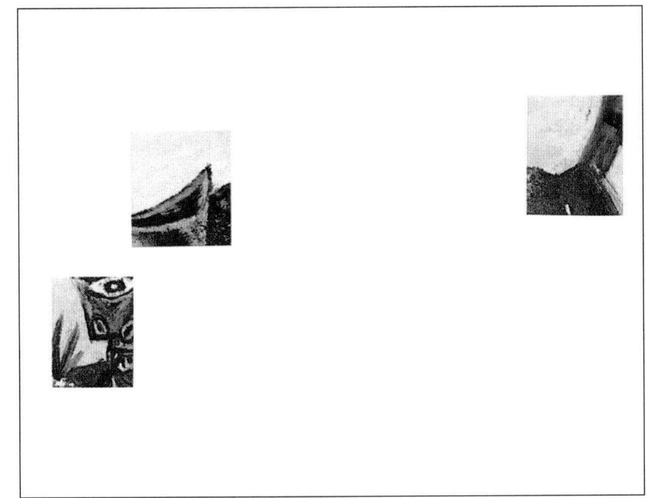

Ziele

- Sinnliche Wahrnehmungsfähigkeit durch Fokussierung sensibilisieren und differenzieren
- Vorstellungsfähigkeit durch spontane Assoziationen und Spekulationen erweitern
- Kreative Tätigkeiten wecken und fördern

Verlauf

- Sukzessives Aufklappen der 3 Türchen (Kalendertechnik)

Impuls:
„Äußert spontan eure Einfälle zu den Bildausschnitten."

- Assoziative Äußerungen der Kinder zu den drei Ausschnitten
- Aufdecken des Gesamtbildes, das kommentarlos ca. drei Minuten betrachtet wird

Didaktisch-methodischer Kommentar

Kinder treten in vielfältiger Weise mit Tieren in Beziehung, weil diese als lebendige Wesen besonders stark ihre Gefühle berühren. Kinder wünschen sich Tiere und möchten mit ihnen spielen, kuscheln oder toben. Kinder interessieren sich für Tiergeschichten und Tierfilme. Als „Kuscheltiere" werden sie in vielen Spielsituationen eingesetzt. Im Rollenspiel werden Tiere pantomimisch und stimmlich imitiert. Tiere treten sehr früh in der Kinderzeichnung auf.
Katzen sind in den letzten Jahren zu den beliebtesten Haustieren geworden. Sie haben sich über Millionen von Jahren aus einem wie-

selähnlichen Raubtier entwickelt, aus dem schließlich die ganze Gruppe jener Tiere entstand, die heute der Familie der Katzen zugerechnet werden. Katzen sind allesamt Fleischfresser und erfolgreiche Jäger. Das biegsame Knochengerüst wird von kraftvollen Muskeln gesteuert und verleiht dem Körper eine große Geschmeidigkeit und Beweglichkeit. Katzen haben große Augen und verfügen über ein ausgezeichnetes Sehvermögen. Ebenso gut entwickelt ist ihr Tast-, Gehör- und Gleichgewichtssinn. Katzen, die in Hausgemeinschaften mit Menschen leben, werden nur bis zu einem gewissen Grad auf den Menschen geprägt und nutzen die Vorteile ihres Haustierdaseins. Sie geben sich sanft, anschmiegsam, friedlich und zufrieden. Sie spielen ausgelassen, bewegen sich geschmeidig und geschickt. Die Wildheit ihres Wesens verliert sich jedoch nicht.

Es ist beim Betrachten der Ausschnitte wichtig, dass alle Einfälle der Kinder zunächst zugelassen werden, in einer Atmosphäre, die auch das Zu- und Hinhören und das Nachdenken über die Aussagen der anderen ermöglicht.

Der Überraschungseffekt beim Anblick des Gesamtbildes, das eine Katze darstellt, die nicht sanft, anschmiegsam, friedlich oder zufrieden ist, sondern sich als Jäger mit der Grausamkeit eines Raubtieres zeigt, ruft entsprechende Reaktionen bei den Kindern hervor.

2. Schreibphase

Schreibverfahren: Kurzroman

Der Kurzroman besteht aus 6 Sätzen. Bei diesem Schreibverfahren wird den Kindern jeweils ein Wort als Satzanfang vorgegeben. Während die ersten fünf Satzanfänge schon von Anfang an bekannt sein können, wird das Anfangswort für den sechsten Satz erst genannt, wenn die Kinder bereits ihre ersten fünf Sätze geschrieben haben.

Dieser letzte Satzanfang steht in einem gewissen Spannungsverhältnis zum vorangegangenen Satzanfang *(Aber …/Trotzdem …)*. Dadurch wird dem Text oft noch einmal eine überraschende Wende gegeben.

1. *Ein/Eine …*
2. *In …*
3. *Als …*
4. *Jeder/Jede …*
5. *Aber …*

---

6. *Trotzdem …*

Es eignen sich auch andere Satzanfänge, jedoch muss darauf geachtet werden, dass eine gewisse Irritation durch den letzen Satzanfang erzielt werden kann.

Ziele

- Schreiben eines Kurzromans zum Bild „Vogelfangende Katze"
- Nutzen des Schreibverfahrens „Kurzroman" zur kreativen Textproduktion
- Auseinandersetzung mit der Ambivalenz der Katze beim Verfassen des Textes

Verlauf

- Der Schreibauftrag wird den Kindern erklärt: Eindrücke und Wirkungen des Bildes sollen in einem Kurzroman ausgedrückt werden.

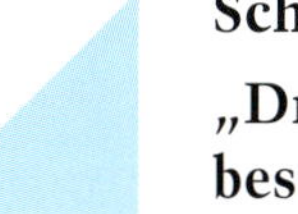

Schreibauftrag:

„Drücke eigene Gedanken zu dem Bild in einem Text aus, der aus genau 6 Sätzen besteht."
(Die Satzanfänge werden vorgegeben.)

- Die Kinder schreiben ihre Texte nach vorgegebenen Regeln (Satzanfängen).
- Sie erhalten die Möglichkeit, ihre Texte vorzustellen und ein Reflexionsgespräch darüber zu führen.
- Den Kindern wird das Gedicht „Katzenjammer" (s. S. 37) von Hans Manz präsentiert.
- Die Kinder prüfen, welche Textteile zu dem Picasso-Bild passen und begründen ihre Meinung. Gegebenenfalls erfinden sie selbst Zweizeiler in Analogie dazu oder zu ihrem eigenen Bild.

Didaktisch-methodischer Kommentar

Um zu erreichen, dass die Kinder etwa zeitgleich mit dem Schreiben der ersten fünf Sätze fertig werden, gibt man zunächst nur den ersten Satzanfang vor und wartet dann, bis alle Kinder den ersten Satz geschrieben haben.
Die nächsten vier Satzanfänge werden danach an die Tafel geschrieben. Jedes Kind schreibt nun die folgenden vier Sätze nach seinem Schreibrhythmus auf. Dann warten die Kinder, bis der letzte Satzanfang wieder für alle gleichzeitig bekannt gegeben wird und beenden ihren Text.
Das Reflexionsgespräch sollte dahingehend geführt werden, dass die Ambivalenz, die in der Katze steckt (Raubtier/Schmusetier), hervorgehoben wird.
Häufig ist es so, dass gerade durch das Hinzufügen des letzen Satzes mit „Trotzdem" nach dem schon fast abschließend vorangegangenen „Aber"-Satz eine neue Sicht ins Spiel kommt. An allen hier abgedruckten Kindertexten kann man dies gut erkennen. Diese erweiterte Sicht, die die Ambivalenz deutlich macht, kann dann im Gespräch mit den Kindern leicht aufgegriffen werden.
Das Gedicht „Katzenjammer" von Hans Manz könnte eine Unterstützung für das Reflexionsgespräch sein. Auch hier wird die Ambivalenz der Katze deutlich. Hans Manz unterstreicht die Widersprüchlichkeit der Katze jeweils durch seine Zeilenanfänge: *Und plötzlich .../Und unerwartet .../Und dennoch ...*
Kindern könnte man den Auftrag geben, passend zu dem Picasso-Bild selbst solche Zweizeiler zu kreieren oder zu prüfen, welche der vorhandenen Textzeilen des Autors zu diesem Bild passen und ihre Meinung begründen.

Eine Katze steht in einer Vollmond-Nacht auf einem Hügel.
In Vollmond-Nächten passieren manchmal merkwürdige Sachen.
Als die braun-schwarze Katze den Vogel sieht, schnappt sie ihn.
Jeder Schlag, den der Vogel mit seinen Flügeln macht, tut mehr weh.
Aber die Katze schnappt noch fester zu.
Trotzdem schenkt sie dem Vogel am Ende sein Leben. Christina

Eine Katze lief durch die Felder bei Vollmond.
In hohem Tempo flog ein Vogel an der Katze vorbei.
Als die Katze nach ihm schnappte, erwischte sie den Vogel am Flügel.
Jede Bewegung tat dem Vogel weh.
Aber die Katze ließ nicht locker und so starb der Vogel.
Trotzdem war die Katze nicht glücklich, dass sie es getan hatte, und verzog sich schnell im Vollmondlicht. Marc

Eine Katze lag in ihrem Körbchen und da sie so müde war vom Jagen, schlief sie ein und fing an zu träumen.
In ihrem Traum saß sie auf einem Hügel, wo ein Schwarm Geier war.
Als sie nach einem schnappen wollte, fiel ihr auf, dass sie nicht richtig schnappen konnte, da sie keine richtigen Krallen hatte, sondern die von einem Huhn.
Jeder Geier war dick und saftig, es war ein schöner Anblick für die Katze.
Aber als sie es noch mal versuchte, flog fast der ganze Schwarm weg.
Trotzdem bekam sie einen der letzten dicken schönen Geier. Kathy

Katzenjammer

Auf leisen Sohlen gehen
Und plötzlich die Krallen zeigen.

Um den Bart streichen
Und unerwartet anfauchen.

Harmlos blinzeln
Und dennoch auf der Lauer liegen.

Hans Manz

aus: Die Welt der Wörter, Beltz & Gelberg

Katzenjammer

Auf leisen Sohlen gehen
Und plötzlich die Krallen zeigen.

Um den Bart streichen
Und unerwartet anfauchen.

Harmlos blinzeln
Und dennoch auf der Lauer liegen.

Hans Manz

aus: Die Welt der Wörter, Beltz & Gelberg

3. Gestaltungsphase

Ästhetisches Verfahren: Malen und Zeichnen mit Pastellkreide

Pastellkreiden sind Gemische aus feingemahlenen Farbpigmenten mit Kaolin (Porzellanerde) oder feinerdigem Ton mit geringen Mengen Öl. Pastellkreiden sind auch ohne maltechnische Vorkenntnisse leicht zu handhaben.
Der Malstrich hängt dabei vom Druck ab, den die Hand, der Arm, der Körper auf Kreide und Papier ausübt.
Im technischen Vorgang entstehen viele Kreidemalereien erst als Kreidezeichnung. Mit der Spitze der Ölkreide zeichnet man deckende Striche und Strichlagen, die sich zu Flächen bilden.
Beim Auslegen der Farbfelder verliert die Arbeit ihren grafischen Charakter.
Gemischt werden die Farben ausschließlich auf der Malfläche durch Übereinanderstreichen, Verwischen mit den Fingern oder anderen Hilfsmitteln.
Die Pastellkreide ist besonders für weiche Konturen und samtige Farbübergänge geeignet.
Die Differenzierung liegt in der Darstellungsweise und den unterschiedlichen Möglichkeiten, mit den Kreiden umzugehen. Malkreidearbeiten bleiben in der Wirkung ambivalent, sie stehen immer zwischen malerischer Grafik und grafischer Malerei.
Als Malgründe eignen sich Foto- und Zeichenkarton, Ton- und Packpapiere etc. Auf schwarzem Tonpapier entwickeln die Pastellkreiden einen besonderen Tonwert.

Ziele

- Erfahrungen und Wissen über Katzen reaktivieren
- Vorstellungen für das Bildzeichen Katze bei der Gestaltung abrufen
- Klare Ausformung und Differenzierung anstreben

Verlauf

- Die Kinder werden auf die abgedeckten Bilder aufmerksam gemacht.
- Die neuen Bilder werden nacheinander aufgedeckt, von den Kindern beschrieben, nachgespielt oder nachgestellt, dann vorgestellt und kurz besprochen.
- Für die Darstellung einer Katze nach eigener Vorstellung werden die Kinder durch drei unterschiedliche Katzendarstellungen motiviert.

Die Gestaltungsaufgabe lautet:

„… und so stelle ich mir meine Katze vor!“ – Zeichnen und Malen einer Katze mit Pastellkreiden.

- Die Kinder machen sich mit dem Material und der Technik vertraut und beginnen ihre Einzelarbeit.
- Fertige Arbeiten werden an der geöffneten Tafel präsentiert, später reflektiert.

Didaktisch-methodischer Kommentar

Bevor die Kinder selbst Katzen gestalten, erhalten sie die Gelegenheit, sich weitere Katzendarstellungen (s. S. 41 ff.) anzusehen.
Durch die differenzierte Betrachtung wird die Wahrnehmung durch Erkennen und Vergleichen geschult und Wissen über Beziehungen von Farb- und Formmöglichkeiten weiterentwickelt.
Wichtig ist, durch große, schwungvolle Bewegungen die Arbeit mit der Ölkreide zu beginnen und eine Umrisslinie zu finden. Der Pastellstrich lässt sich wenn nötig durch Verwischen mit einem Läppchen leicht korrigieren.
Danach setzen die Kinder durch Ausmalen der Fläche des Katzenkörpers ihre Arbeit fort. Zum Ausmalen der Flächen empfiehlt es sich, die Pastellkreiden quer zu nehmen. Die Kreide lässt sich ohne große Mühe verstreichen.

Vielleicht gibt es Probleme bei der Wahl der Farbe. Die Kinder werden ermutigt, wie auch in den Originalen, alle Farben zu nehmen und dabei zu berücksichtigen, welche auf schwarzem Grund gut zur Wirkung kommen.

Mit den Pastellkreiden wird den Kindern ein Material an die Hand gegeben, was bei den Kunstwerken (s. S. 33, s. S. 41 ff.) nicht vorkommt. So bringen das schwarze Tonpapier und die Kreiden wieder Distanz zu den Bildern. Die Kinder müssen ihre Lösung mit dem vorgegebenen Material finden, losgelöst von den besprochenen Bildern.

Die ganze Farbpalette der Pastellkreiden bietet Freiheit in der Farbgebung. Für die Linienführung hingegen werden die Abbildungen hilfreich sein und daher unter formalem Aspekt den Abbildern ähneln.

Die Kinder dürfen ihre Katzen-Darstellung als beendet betrachten, wenn Kriterien der Aufgabenstellung erfüllt sind.

Eine Auswahl von ca. 10 Bildern nach selbst entschiedenen Kriterien wird besprochen.

Die Kinder nehmen Stellung zu eigenen und anderen Bildern, benennen gelungene Lösungen und machen Verbesserungsvorschläge.

Marc, 11 Jahre

Alex, 7 Jahre

Alexy, 12 Jahre

Patrick, 12 Jahre

Michi, 12 Jahre

Bildervorschläge

„Schlafende Katze“, 1898

Théophile Alexandre Steinlen

Das Bild zeigt eine schlummernde Katze auf einem weichen Kissen ausgestreckt liegend und entspannt vor sich hindösend. Es handelt sich um eine graugetigerte Katze, die Ruhe und Wohlbehagen ausstrahlt. Ihr ausgestreckter Körper spiegelt Zufriedenheit und Behaglichkeit wider. Am liebsten würde man sie streicheln und kraulen. Man glaubt förmlich, ihr lautes Schnurren zu hören.

„Sam“, 1954

Andy Warhol

Die Katze sitzt hoch aufgerichtet und scheint irgendetwas zu beobachten. Katzen können völlig unbeteiligt in die Gegend schauen. Jedoch nehmen sie leiseste Geräusche sofort wahr und konzentrieren sich darauf. Gerade dieser Augenblick ist eingefangen. Unüblich ist die Farbgebung. Sie hat hier Signalfunktion.

„Zwei Katzen“, 1913

Franz Marc

Die beiden dargestellten Katzen zeigen typisches Katzenverhalten in Haltung und Bewegung. Die blaue Katze im Vordergrund biegt sich weit nach hinten, die gelbe Katze im Hintergrund nimmt eine lauernde Stellung ein.
Beide Katzen drücken Geschmeidigkeit, Beweglichkeit und Gelenkigkeit aus. Die Farbgebung ist auch hier ungewöhnlich.

Théophile Alexandre Steinlen: Schlafende Katze, 1898

ANDY WARHOL: Sam, 1954

Franz Marc: Zwei Katzen, 1913

René Magritte: Der Flicken der Nacht

(Bildvorlage S. 49)

„Das fertige Gemälde ist eine Überraschung und sein Schöpfer wird als Erster von ihm überrascht.“

1. Bildpräsentation: Cluster

2. Schreibverfahren: Reihum-Text

3. Ästhetisches Verfahren: Fotomontage

Medien und Material	Vorbereitung
• 5–6 Farbkopien von „Der Flicken der Nacht" (s. S. 49) • 5–6 weiße Plakatkartons für Cluster, Permanent Marker	• Farbkopien (verkleinert) von „Der Flicken der Nacht" auf die Plakatkartons kleben
• Arbeitsblatt „Bowler" (s. S. 55), Schreibunterlage, Stift	• Kopieren des Arbeitsblattes für das Schreibverfahren in Klassenstärke
• „Der Flicken der Nacht" auf Folie (s. S. 49) und Overheadprojektor	• Aus der Folienabbildung den Kopf herausschneiden und wieder zusammengefügt auf den Overheadprojektor legen
• Kopf mit Hut als Umrissbild (s. S. 50)	• Umrissbild vergrößert für jedes Kind kopieren
• Zeitschriften, Prospekte, Kataloge, Papierreste, Schere, Klebstoff, Malutensilien	• Materialtisch vorbereiten

René Magritte

RENÉ MAGRITTE (21. 11. 1898–15. 08. 1967), belgischer Maler. Banale Dinge des Alltages stellte er im Detail naturalistisch dar, verfremdete diese aber durch irreales Zusammenfügen und stellte sie in neue Zusammenhänge.

RENÉ MAGRITTE, belgischer Künstler, wurde am 21. November 1898 in Lessines geboren. Sein vollständiger Name ist René Francois Ghislain Magritte.

1910 zog er mit seinen Eltern und seinen zwei jüngeren Brüdern Raymond und Paul, nach Chatelet. Er stammte aus kleinbürgerlichen Verhältnissen mit einem gewissen Wohlstand, der es den Eltern ermöglichte, den Kindern eine gute Ausbildung zukommen zu lassen. Bereits mit zwölf Jahren besuchte Magritte schon Malkurse. Sie sollen teilweise in den Räumen eines Bonbonladens stattgefunden haben.

Als René Magritte 13 Jahre alt war, beging seine Mutter Selbstmord. Die Vermutung liegt nahe, dass seine Werke davon beeinflusst wurden. Magritte selbst sah diesen Einfluss auf sein Schaffen nicht.

Von 1913–1916 lebte René Magritte mit seinem Vater und seinen Brüdern in Charleroi. Er besuchte dort das Gymnasium. In dieser Zeit lernte er bereits Georgette Berger, seine zukünftige Frau, kennen.

1916 bis 1918 absolvierte er ein Kunststudium an der Kunstakademie in Brüssel.

Vier Jahre später heiratete er dort Georgette Berger, lebte mit ihr eine Zeit lang in Paris (ab 1927) und später (ab 1930) bis zu seinem Tod wieder in Brüssel.

Nach frühen kubistischen und futuristischen Versuchen entstanden bereits Mitte der zwanziger Jahre viele seiner surrealistischen Bilder. Kontakte zu anderen surrealistischen Künstlern inspirierten ihn. Er nahm an deren Aktivitäten teil und beteiligte sich an surrealistischen Zeitschriften und Ausstellungen.

1936 erhielt er die Gelegenheit zu einer Einzelausstellung in New York in der „Levy Gallery". Der große Durchbruch aber blieb noch aus.

Bis in die dreißiger Jahre war Magritte relativ mittellos und verdiente seinen Lebensunterhalt

manchmal durch eine Beschäftigung als Muster-Zeichner in einer Tapetenfabrik oder als Zeichner von Werbeplakaten.
Sein Einfluss auf die Werbebranche ist noch heute erkennbar. Viele seiner Bilder werden z. B. als Vorlagen für Werbezwecke verwendet.
Magritte drehte auch einige Kurzfilme, die ziemlich verrückt und fantastisch anmuteten und in denen er, seine Frau Georgette und andere Freunde manchmal mitspielten.
In den vierziger Jahren (1943/44) orientierte sich Magritte zeitweise an impressionistischen Vorbildern, speziell Renoir, und am Neofauvismus (1947/1948), fand dann aber wieder zu seinem ihm eigenen Stil zurück.
Wirkliche internationale Anerkennung erreichte Magritte in den späten vierziger Jahren und kam danach auch in Amerika zu größerem Ruhm.
Es folgten 10 Jahre intensiver künstlerischer Arbeit mit vielen Ausstellungen und Auszeichnungen.
Äußerlich wirkte Magritte sehr bürgerlich. In seiner Kunst aber ging er weit über das damalige bürgerliche Denken hinaus. Er wollte mit seiner Kunst irritieren, wachrütteln und die Menschen zu einer anderen Sichtweise ihrer gewohnten Weltbilder verleiten. Er wollte Denkprozesse in Gang setzen, um die vermeintliche Wirklichkeit zu hinterfragen oder in neuer Bedeutung erscheinen zu lassen.
Vor seiner Staffelei, im stillen Kämmerlein, meist seinem Wohnzimmer in Brüssel, stellte Magritte mit stillem Vergnügen die Ordnung des bürgerlichen Denkens auf den Kopf.
Er malte realistisch, getreu seiner Philosophie, dass durch wirklichkeitsgetreue Nachbildung von Personen oder Objekten die Betrachtenden quasi genötigt würden, ihr eigenes Sein zu reflektieren.
Erkennbar wird dies auch an seinem Bild „Der Flicken der Nacht“. Dadurch, dass die Elemente des Bildes auf ungewohnte Weise zueinander in Beziehung gesetzt werden, wird die gewollte Irritation hervorgerufen.
Magritte verließ nur ungern sein Haus.
Wenn man ihm außerhalb begegnete, z. B. auf Spaziergängen mit seinem Hund, trug er seinen unverwechselbaren Bowler auf dem Kopf.
Dieser Hut, der in vielen Variationen in seinen Bildern auftaucht, wurde zu seinem Markenzeichen. Auch in dem Bild „Der Flicken der Nacht“, das zwei Jahre vor seinem Tod entstand, ist der Bowler zu sehen und signifikantes Sujet des Werkes.
In diesem Zusammenhang ist interessant, dass seine Mutter Modistin war und Hüte herstellte.
Magrittes Freunde waren überwiegend Schriftsteller. Zeitweise gehörte André Breton zu seinen engeren Freunden.
Mit 69 Jahren starb Magritte am 15. August 1967 in Brüssel.

„Der Flicken der Nacht“, 1965

Öl auf Leinwand, 55 × 46 cm, CR 1020,
The Elkon Gallery, Inc., New York City

Der Surrealismus war eine geistige, stark antibürgerlich gerichtete Strömung, deren Vertreter die sichtbare Wirklichkeit in Frage stellten. Aus diesem Zweifel heraus entstand die Suche nach einer über das Sichtbare hinausgehenden Wirklichkeit, einer Überwirklichkeit, die im Surrealismus ihre Ausdrucksform fand („sur“: französisch „über“).
Sowohl in der Literatur („écriture automatique“ = „automatisches Schreiben“) als auch im Bereich der Malerei wollte man einer umfassenden Wirklichkeit hinter den Dingen, einer Überwirklichkeit, näher kommen.
Diese Überwirklichkeit drückt sich häufig im Unbewussten und in Träumen aus.
Giorgio De Chirico galt mit seinen bereits Anfang des Jahrhunderts gemalten Bildern als Vorreiter und Impulsgeber dieser Kunstrichtung.
Beeinflusst wurden die Künstler der damaligen Zeit auch von Sigmund Freuds Veröffentlichungen zur Traumdeutung und Psychoanalyse. Sie versuchten, die Erkenntnisse Freuds, der ja dem Unterbewussten eine deutlich größere Bedeutung beimaß als bis dahin bekannt, für ihre Kunst zu nutzen.
Magritte stand nach eigenen Aussagen der Psychologie eher skeptisch gegenüber. Seiner Meinung nach beschäftigte sie sich mit falschen Mysterien.
Magrittes Auffassung vom Mysterium ist eher das Mysterium des Realen. Das letzte Sein der Dinge entzieht sich dem Wissen des Menschen. Demzufolge will Magritte mit seinen Bildern auch nicht etwas Geheimnisvolles, Verborgenes heraufbeschwören und enthüllen, sondern beim Betrachten eines Bildes etwas von dem Verborgenen erahnen lassen. Und zwar in erster

Linie dadurch, dass im Bekannten und Vertrauten das Fremde, Ungewohnte deutlich wird.
Den Schlüssel dazu sieht er gewissermaßen in der Imagination, d. h. es muss dem Maler gelingen, dem Bewusstsein Assoziationen nahe zu legen, die beim Betrachten eines Kunstwerkes zum einen unerwartete und doch realitätsbezogene Ideen hervorbringen, zum anderen aber auch eine Über-Wirklichkeit erkennbar werden lassen.
Die Seele des Menschen aufzuspüren, der unbewussten Wirklichkeit etwas näher zu kommen, war zu Magrittes Zeit das Bestreben aller Surrealisten, dem sie auf unterschiedliche Weise Ausdruck verliehen. Während die einen eher fantastische und illusionistische Traumwelten darstellten (Miró), andere eher experimentell zufällig arbeiteten (Max Ernst), bediente sich eine dritte Gruppe, zu der auch Magritte gehörte, seltsamster Verfremdungseffekte und Irritationen, die das Bewusstsein zu divergentem Denken anregen sollten.

Wie wirklich ist die Wirklichkeit? Dies war eine von Magrittes zentralen Fragen, die ihn irritierende Bilder malen ließ, in denen der Betrachter auf Schein und Wirklichkeit aufmerksam gemacht werden sollte. Vermeintliche Sicherheiten sollten wanken, Assoziationen sollten im Unbewussten gründen, Wahrnehmungsgewohnheiten sollten hinterfragt werden.

Dies gelang Magritte z. B. durch das Malen eines im Nachtdunkel daliegenden Hauses, über dem ein heller Tageshimmel sichtbar ist, oder durch das Malen eines Bildes im Bild oder durch andere skurrile oder paradoxe Phänomene wie Füße, die aus Schuhen herauswachsen, Landschaften, die in einen Rahmen gesetzt werden etc.

Das Bild „Le pan de nuit" (Der Flicken der Nacht) zählt – wie die meisten Bilder von Magritte – zu denjenigen surrealistischen Werken, in denen realistische Objekte, in ungewöhnlichem Zusammenhang gestellt, neue Bedeutungen eröffnen.

Das Ölgemälde, das 1965, zwei Jahre vor Magrittes Tod, entstanden ist, zeigt fast über die ganze Größe der Leinwand die Rückseite einer Person – oder ist es gar die Vorderseite? – von der nur die üppige Haarpracht und die schwarze Kopfbedeckung, ein sog. „Bowler", dargestellt wird.

Magritte nutzte dabei sein Wissen, dass ein wahrgenommenes Objekt (hier: die Teilfigur mit den roten langen Haaren und dem Hut auf dem Kopf) meist dann einen Irritationsprozess beim Betrachter auslöst, wenn Erkennen und Wiedererkennen bzw. Sicherheit durch Bekanntes und Unsicherheit durch Fremdes miteinander in Konflikt treten.

Das Bild hat insgesamt etwas Verhüllendes, etwas Geheimnisvolles an sich und gibt viele Rätsel auf oder spiegelt Illusionen und Irritationen vor, die jemand, der sich auf dieses Spiel einlässt, mit Hilfe von Imagination individuell lösen bzw. teilweise desillusionieren kann.

Der als Kopfbedeckung gewählte schwarze Bowler, ein melonenähnlicher Hut, steht in starkem Kontrast zu dem leicht gewellten, wallend-langen, kastanienbraunen Haar, das die Sicht auf die Person verschleiert. Der Betrachtende weiß dadurch nicht genau, was sich auf der sichtbaren Seite und schon gar nicht, was sich auf der Rückseite verbirgt.

Ist es ein Mann? Oder eine Frau? Oder irgendeine andere Überraschung? Bewusst lässt Magritte mehrere Möglichkeiten offen.

Das Nicht-Sichtbare war Magritte auch in anderen Bildern genauso wichtig wie das Sichtbare. Die Verhüllung oder die Verschleierung nutzte er auch bewusst, um Befremdlichkeit zu evozieren.

Assoziationen hinsichtlich Bisexualität oder sonstiger Abweichungen von der bürgerlichen Norm sind gewollt.

Der Hintergrund des Bildes sieht wie eine Tapete (vielleicht auch wie ein Linoleumfußboden) in verschiedenen Grautönen aus, auf dem recht plastisch die oben beschriebene Silhouette wie leicht schwebend davor gesetzt wirkt. Dadurch hat das Bild den Anschein einer gemalten Collage.

Magritte nimmt im grauen Hintergrund in leichten Ansätzen als Grundierung das Rotbraun der Haare wieder auf. Gleichzeitig wird mit dunkel- und hellgrauen langgezogenen Pinselstrichen die flächige Struktur aufgebrochen.

Der Titel des Bildes wurde bewusst so gewählt, dass der sowieso schon verwirrende Bildeindruck einen weiteren Überraschungseffekt hervorbringt. Mit größtem Vergnügen überlegten sich Magritte und seine surrealistischen Mitstreiter oft bewusst scheinbar beziehungslose Titel, die, wie auch hier, das Verwirrspiel komplett machen.

Beim Betrachten des Bildes setzt durch die paradoxe Komposition keineswegs ein lineares

Denken ein, vielmehr wird ein komplexer Denk-Prozess ausgelöst, wo Bekanntes mit Unbekanntem verbunden wird, wo „Sicht – Ansicht – Einsicht" durcheinander geraten und neu konstruiert werden, wo Chancen eröffnet werden, über das Vordergründige (bzw. Hintergründige im wahrsten Sinne des Wortes) hinaus zu „Über"-Wirklichkeiten zu kommen.

Bereits 1954 gab es von Magritte schon ein anderes Ölgemälde, auf dem die für das o. g. Bild so auffällige rotbraune Haarpracht in anderem Zusammenhang zu sehen ist.

René Magritte: Der Flicken der Nacht, 1965

RENÉ MAGRITTE: Der Flicken der Nacht (Umrissbild)

1. Bildpräsentation

Cluster

Das Cluster ist in der Regel ein Gruppen-Assoziationsverfahren. Drei bis sechs Kinder erhalten eine große Schreibunterlage, meistens ein DIN-A2-Plakat, worauf das Thema bzw. das Kernwort geschrieben steht. Die Kinder sollen zu dem Wort assoziieren und ihre Assoziationen aufschreiben. Ihre Begriffe werden eingekreist und mit dem Kernwort durch einen Verbindungsstrich verknüpft. Jeder liest, was die anderen geschrieben haben, und knüpft nun nicht mehr zwingend an das Kernwort an, sondern auch an die neu aufgeschriebenen Begriffe. Auch diese werden jetzt eingekreist und miteinander verbunden. Bei diesem Verfahren ist jede Assoziation erlaubt.
Wichtig ist, dass die einzelnen Begriffe mit dem Kernwort bzw. mit dem aus dem Kernwort entstandenen weiteren Begriff verbunden werden. Auf diese Weise entsteht ein Ideennetz mit einer bestimmten Struktur mit verschiedenen Ideensträngen.

Ziele

- Das Cluster als Methode eines kreativen Ideenfindungsprozesses kennen lernen
- Schulung der differenzierten Wahrnehmung mit Hilfe des Clusters
- Das Cluster nutzen, um Deutungsmöglichkeiten für das Bild zu entwickeln
- Das Cluster zur Textproduktion nutzen

Verlauf

- Verteilen der Plakate mit den aufgeklebten Farbkopien des Originalbildes an die Gruppen.

Auftrag:
„Erstellt ein Cluster zu dem Bild!“

- Orientierender Rundgang zu den anderen Tischgruppen.

Didaktisch-methodischer Kommentar

Da die Kinder sich von dem inspirieren lassen sollen, was die anderen geschrieben haben, ist es sinnvoll nur einen dicken Filzstift, höchstens aber zwei Stifte pro Gruppe zur Verfügung zu stellen. Es sollte nach Möglichkeit während des Clusterns nicht geredet werden, damit sich eigene Gedanken in Ruhe entwickeln können. Der Plakatkarton für das Cluster sollte so auf dem Tisch oder auf dem Boden liegen, dass alle Kinder der Gruppe frei um das Cluster herumgehen können.

In diesem Vorschlag wird das Cluster dahin abgewandelt, dass in der Mitte des Plakates nicht ein Kernwort steht, sondern das Bild „Der Flicken der Nacht“ von René Magritte, das später Grundlage der Textproduktion ist.
Sollte das Clustern noch nicht bekannt sein, empfiehlt es sich, im Vorfeld nicht zu einem Bild, sondern zu einem Begriff (z. B. Wasser) das Clustern zu üben.
In den Clustern der Kinder wurden verschiedene Ideenstränge (Wasser/Regen …, Monster/unheimlich …, Haare/Perücke …) deutlich, die später bei der Textproduktion aufgegriffen wurden.

2. Schreibphase

Schreibverfahren: Reihum-Text

Bei diesem Schreibverfahren handelt es sich um ein Gruppenverfahren. Ausgangspunkt kann dabei z. B. die gesamte Klasse sein, die im Kreis zusammensitzt, es können aber auch Gruppen von ca. 8 Kindern zu Kleingruppen zusammengefasst werden.
Alle Kinder erhalten ein Blatt und schreiben zu dem im Vorfeld betrachteten Bild einen Satz auf. Das Blatt wird im Uhrzeigersinn weitergereicht. Jedes Kind erhält so einen neuen Textanfang, liest diesen durch und schreibt einen sich sinnvoll anschließenden zweiten Satz dazu. Ebenso wird mit den folgenden Sätzen verfahren.
Das Reihum-Verfahren geht so lange weiter, bis man das Gefühl hat, dass die Kinder genug Gelegenheit hatten, sich zu dem Bild zu äußern. Je nach Klasse und Bild werden alle Texte dann eine Länge von ca. 7 bis 12 Sätzen haben. Es ist bei diesem Verfahren nicht nötig, dass der Text so lange weitergegeben wird, bis er wieder beim Ausgangskind landet.
Der Schluss wird vorher angekündigt. Das letzte Kind gibt dem Text noch eine Überschrift.

Ziele

- Förderung der Schreibmotivation durch schreibspielerische Textproduktion
- Verfassen eines Textes im Reihum-Verfahren zum Bild „Der Flicken der Nacht“
- Annäherung an das Bild und Auseinandersetzung mit dem Bild und seinen befremdlichen Elementen

Verlauf

- Mit Stift und Schreibunterlage kommen die Kinder im Sitzkreis zusammen.
- Vorstrukturierte Arbeitsblätter werden ausgeteilt.

Der Schreibauftrag lautet:

„Schreibt Reihum-Texte zu dem Bild ‚Der Flicken der Nacht‘ und nehmt dabei das Cluster als Anregung.“
Hinweis: Jedes Kind schreibt einen Satz und reicht sein Blatt dann weiter.

- Reihum-Texte werden unter Zuhilfenahme des Clusters verfasst. Im Anschluss finden die Kinder eine passende Überschrift dazu.
- Die Kinder lesen im Plenum ihre Texte vor.
- Die Texte werden auf ihre Ideenvielfalt hin untersucht, besondere sprachliche Ausdrucksmöglichkeiten sollen positiv herausgestellt werden.

Didaktisch-methodischer Kommentar

Es macht Spaß, gemeinsam Texte zu produzieren. Diese Erfahrung sollen die Kinder machen. Zu der Zeit von Magritte traf man sich häufig, um in Gruppen Texte zu schreiben. Man freute sich an verrückten aber auch an vielfältigen und tiefgreifenden Ideen, die durch dieses Verfahren evoziert wurden.

Der Vorteil solcher Gruppenschreibverfahren in einer Klasse ist, dass die Kinder dadurch, dass sie nicht alleine für einen Text verantwortlich sind, eine gewisse Textentlastung erfahren. Die Schreibmotivation der Kinder ist meist sehr hoch, zum einen durch die Aktivität des Weiterreichens der Textblätter, zum anderen auch durch das spielerische Sich-immer-wieder-neu-Einlassen auf andere Ideen und die Herausforderung, einen guten Anschluss zu finden.

Das Verfahren ermöglicht den Kindern, sich schreibend einem Bild zu nähern, dem Bild eine eigene Deutung zu geben und sich gleichzeitig auch mit den Ideen und Ansätzen der anderen Kinder auseinander zu setzen. Dabei werden u. a. durch das Prinzip der Irritation (sich stets auf fremde Textideen einzulassen und sie weiterzuverarbeiten) kreative Schreibprozesse in Gang gesetzt.

Damit die Aufgabe gut gelingt, ist es notwendig, dass die Kinder darauf hingewiesen werden, ihre „Sonntagsschrift" zu benutzen, damit für alle anderen die Texte, die sie ja weiterschreiben sollen, leicht lesbar sind.

Beim Weitergeben der Blätter muss darauf geachtet werden, dass alle Kinder erst nach Aufforderung gleichzeitig das Blatt weiterreichen. Hier ist etwas Disziplin und Geduld der Kinder erforderlich.

Der Hinweis, genau zu lesen, was vorher geschrieben wurde und daran sinnvoll anzuknüpfen, ist ebenfalls bedeutsam.

Wenn man das Ende des Schreibspiels zwei Sätze vor Schluss ankündigt, haben die Kinder Gelegenheit, auf ein Textende hinzuarbeiten.

Zum Schluss wird der Text noch einmal weitergereicht. Das letzte Kind formuliert abschließend eine Überschrift zu dem Text.

Beim Vorlesen der Texte (vorher üben lassen) kann bei Gruppenschreibverfahren jeder Text vorgelesen werden, da keine Hemmung auftauchen kann, den eigenen Text nicht vorlesen zu wollen.

Wichtig ist, dass die Kinder im Vorfeld durch das Cluster schon auf das fremdartige und zunächst begrenzt aussagekräftige Bild eingestimmt worden sind. Nur so kann eine Vielfalt von Texten entstehen.

Die folgenden, in einem dritten und vierten Schuljahr entstandenen Texte zeigen diese Vielfalt. Sie wurden nachträglich rechtschriftlich korrigiert und grobe grammatikalische Verstöße wurden ausgeglichen. Die Kinder hatten keine Vorerfahrungen im Schreiben von Reihum-Texten. Schwierigkeiten entstanden teilweise bei sinnvollen Anschlüssen an den Vortext.

Fliegendes Wesen

Ein Hut kann fliegen. Der Hut ist auf einem Büschel Haare. Die Haare sind lang und gewellt. Es ist ein fliegendes Wesen. Es ist ein unsterblicher Geist. Der Geist mit schwarzem Hut fliegt über die Straße. Er verwandelt sich in eine liegende Katze, die ihren Kopf im Hut versteckt.

Geschmolzen

Das Geist-Monster kann fliegen. Sein Hut ist schwarz und der Geist ist rot. Hinter dem Geist ist ein Wasserfall. Das Monster hat eine Schwäche. Es ernährt sich von Strom und darf kein Wasser berühren. Das Monster schmilzt, weil es nass wird.

Feuer

Das Feuer ist heiß. Feuer muss man mit Wasser löschen. Im Feuer kann man Papier verbrennen. Feuer verbrennt auch Holz. Feuer ist gefährlich.
Feuer ist warm. Die Feuerwehr kann das Feuer löschen. Dann ist es kein Feuer mehr.

Bei dem Text „Feuer" haben sich die Kinder vom Bild etwas entfernt und nur die Assoziation „Feuer" aus dem Cluster aufgegriffen, um einen Sachtext zu schreiben. Dies ist natürlich auch erlaubt.

Die Texte bieten gute Möglichkeiten der Überarbeitung hinsichtlich des Textzusammenhangs. So kann z. B. der erste Text „Fliegendes Wesen" in der Mitte vorsichtig im Hinblick auf einen passenden Abschluss überarbeitet werden, sodass durch die richtige Anknüpfung ein kohärenter Text entsteht. Es könnte hier z. B. heißen:

Fliegendes Wesen
Ein Hut kann fliegen. Der Hut ist auf einem Büschel Haare. Die Haare sind lang und gewellt. Doch nein, es ist ein fliegendes Wesen! Es ist eine unsterblicher Geist! Der Geist fliegt mit seinem schwarzen Hut über die Straße. Er verwandelt sich in eine liegende Katze, die ihren Kopf im Hut versteckt.

Nur durch das Hinzufügen dieser drei kleinen Wörter (im Text farbig zu sehen) und durch eine kleine Umstellung im vorletzten Satz entsteht ein stärker verbundener Text. Ob man dem Kind zur Überarbeitung noch anbietet, im Sinne eines Schlusses den letzten Satz mit „Dann verwandelt er …" zu beginnen, sei dahingestellt.

Melonen-Monster

Ein Maler malt mit einem komischen Pinsel ein Bild. Er malt ein komisches Bild was schweben kann. Es sieht aus, als ob eine Frau über die Straße läuft, wenn es regnet. Es sieht aber auch aus wie ein Monster mit Hut und Haaren. Der Hut ist schwarz. Man nennt ihn auch Melone. Die Haare haben keinen Kopf und sehen aus wie eine fliegende Rakete.

Mann mit Melone

Man erkennt auf dem Bild einen Hinterkopf. Alles deutet auf einen Mann hin. Auf dem Kopf trägt er eine schwarze Melone. Das ganze Wesen sieht fast so aus wie ein Rasierpinsel. Es trägt einen langen Bart. Steht der Bart in Flammen? Im Hintergrund regnet es.

Die folgenden beiden Texte sind von Kindern verfasst worden, die später noch alleine einen zusätzlichen Text schreiben wollten. Die dialogische Form des letzten Textes ist im Hinblick auf die Textsorte besonders interessant.

„Der Flicken der Nacht"

Ein Kind namens Guido sammelt gerne Taschenbücher. Einmal hatte Guido schon den 1. Platz beim Taschenbuch sammeln gewonnen.
Guido fuhr mit dem Fahrrad zum Kiosk. Er kaufte sich das Taschenbuch 133: „Der Flicken der Nacht." Am Abend las er direkt daraus. Als er ein Bild sah mit einer komischen Gestalt, schloss er das Buch schnell. Aber irgendwas öffnete das Buch wieder. Als das Buch ganz auf war, kam die Gestalt aus dem Buch heraus. Sie hatte lange Haare und einen Hut darüber. Aber sie hatte kein Gesicht. Fortsetzung folgt …

Wer ist es?

Es sieht aus wie ein fliegender Hut mit Feuerhaaren.
Nein, es ist ein Kegel!
Bist du verrückt, es ist „Struwwelpeter", das haarige Wesen!
Also rufen wir lieber einen Geisterjäger an.
Bist du jeck! Das ist ein liebes Gespenst.
Aber es kommt genau auf uns zu.
Mist, du hast Recht! Komm, wir verstecken uns hinter dem Wasserfall.

Das Schwebende wurde in sehr vielen Kindertexten in irgend einer Form zum Ausdruck gebracht. Dies sowie die anderen Assoziationen (z. B. Feuer) bieten gute Anknüpfungspunkte für die Gestaltungsphase. Hier gab es neben den Ideen wie: Hut mit Ständer im Schaukasten, Dame ohne Körper und Bart von Rübezahl, auch Äußerungen wie Eichhörnchenschwanz und Flamme.

3. Gestaltungsphase

Ästhetisches Verfahren: Fotomontage

Collagieren mit Druckerzeugnissen ist ein Verfahren, mit vorgegebenen Abbildungen eine Bildidee zu entwickeln. Zufall und Steuerung ergänzen sich dabei.
Auswählen, Ausschneiden, Zusammenstellen und Aufkleben sind Aktivitäten, die einige Ansprüche an die Montagetechnik stellen. Die Teile müssen aufeinander abgestimmt und mit genauem Schnitt auf einem relativ kleinen Bildgrund angepasst werden.
Die begrenzte Fläche bedeutet die einzige Einschränkung. „Grenzüberschreitende" Lösungen werden erlaubt, wenn sie, von der Rückseite besehen, nicht zu viel von ihrer Vorderseite verraten, weil die Aufgabe gerade das überraschende Moment beinhaltet und anstrebt.
Der gestalterische Freiraum ist groß und die Möglichkeiten des spielerischen Umgangs mit gefundenen Motiven sollen ausgenutzt werden. Das Ziel einer eigenwilligen Kombination, die mit etwas Ungewöhnlichem und Verblüffendem überrascht, verlangt von den Kindern, sich intensiv und assoziativ auf einen Prozess einzulassen.
Die Bildervielfalt der Printmedien soll die Kinder unterstützen und sie zu einer ungewöhnlichen Bildfindung anregen.
Generell gilt wieder: erst dann die Teile befestigen, wenn die endgültige Kombination gefunden ist.

Ziele

- Materialien und Bilder/Bildelemente suchen
- Materialien und Bilder/Bildelemente umdeuten und in neue Zusammenhänge einordnen
- Durch gesetzte Schnittstellen, Verschiebungen und Überlagerungen spezifische ästhetische Wirkungen hervorrufen
- Ungewöhnliche und verblüffende Bildwirkungen hervorbringen

Verlauf

- In Anknüpfung an das Cluster und die Textproduktion wird noch einmal das Bild betrachtet und die Motivbestandteile, die formalbildnerischen Aspekte und Deutungen werden zusammengefasst.
- Vor den Augen der Kinder wird der Kopf aus dem Gesamtbild herausgenommen.
- Die Kinder werden nach der Vorderseite gefragt.
- Ideen werden kommentarlos aufgegriffen.

Die Gestaltungsaufgabe lautet:

„So eine Überraschung!" – Fotomontage einer ungewöhnlichen Bildidee auf der Rückseite der Kopfsilhouette mit gedrucktem Bildmaterial (Kataloge etc.).

- Das Verfahren wird erläutert.
- Das Material wird vorgestellt: Kopiervorlage des Kopfes, Zeitschriften, Kataloge, Scheren, Kleber, Restpapiere.
- Für die künstlerisch-praktische Umsetzung wählen die Kinder zwischen unterschiedlichen Druckerzeugnissen aus.
- Fertige Arbeiten werden verdeckt aufgehängt und erst für die Reflexion umgedreht.

Didaktisch-methodischer Kommentar

Das Material ist einfach und preiswert zu beschaffen, denn Massenmedien und Werbung gehören schnell zum Altpapier.

Trotzdem wird ein Vorlauf für das Sammeln von themenbezogenen Spezialheften (z. B. Pflanzen-, Mode-, Essen-, Reise- oder Tierzeitschriften) empfohlen.

An Scheren und Kleber sollte im Vorfeld erinnert werden, wenn nicht andere Regelungen schul- oder klassenintern organisiert sind.

Für die meisten Kinder ist die Vorderseite „das Gesicht". Schon bei der ersten Rückfrage „Mann" oder „Frau"? wird ein Impuls ausgelöst, der weiterführt und zu Gesichtern aller Art oder zu Vorderseiten im Allgemeinen hinweisen könnte.

Die Möglichkeit, unter verschiedenen Bildmotiven zu wählen und diese ungewöhnlich zusammenzusetzen, wird dem Anspruch eines jeden Kindes auf individuelle und subjektive Darstellung gerecht.

Es ist eine gestalterische Herausforderung, die keiner Vorgaben bedarf, aber Fantasie und Kreativität, um eine Bildlösung zu finden.

Alle Ergebnisse werden zunächst mit der im Original abgebildeten Seite an die Tafel gehängt und dann sukzessive aufgedeckt.

In der Reflexionsphase können die gelungenen Überraschungen als witzige, absurde oder verblüffende Lösungen kommentiert werden.

Schülerarbeiten

Paul Klee: Garten am Bach

(Bildvorlage S. 61)

„Kunst gibt nicht das Sichtbare wieder, sondern macht sichtbar."

1. Bildpräsentation: Bild schärfen

2. Schreibverfahren: Kreatives Schreiben zu Stimuli

3. Ästhetisches Verfahren: Malen mit Deckfarben

Medien und Material	Vorbereitung
• „Garten am Bach" als Umrissbild auf Folie (s. S. 62) und Overheadprojektor • großformatige Pappe (4–6 Pappen im DIN-A1-Format) als Bildträger • „Garten am Bach" auf Folie (s. S. 61) • Papier zum Aufkleben der einzelnen Segmente (Papierrollen, Papiertischdecke o. Ä.) • Malutensilien, Deckfarben, Stifte • Schreibblätter • Klebestift, Kreppklebeband	• Position des Overheadprojektors mit Kreppklebeband auf dem Boden/Tisch markieren • Text- und Bildteile nach vergrößerter Kopiervorlage des Umrissbildes aus der Pappe zurechtschneiden; Anzahl: doppelte Klassenstärke • Farbfolie von „Garten am Bach" im Vorfeld unscharf einstellen • Farbfolien weiterer Garten-Bilder zurechtlegen • Text- und Bildsegmente als Schreib- und Malgrund bereitlegen

Paul Klee

Paul Klee (18. 12. 1879–29. 06. 1940), schweizerischer Maler und Grafiker. Seine Werke erhielten Anregungen aus Philosophie, Literatur, Musik und der Natur, die ihm manchmal zu poetisch-märchenhaften und manchmal ironisch-skurrilen Bildfindungen verhalfen.

Paul Klee wurde am 18. Dezember 1879 in Münchenbuchsee bei Bern in der Schweiz geboren.
Er zählt zu den bedeutendsten und originellsten Malern des 20. Jahrhunderts.
Bereits in seinen frühen Werken ist symptomatisch vieles angelegt, was für seine späteren Werke immer bedeutsamer wird. Vom Chaos zum Kosmos zu kommen, Hell-Dunkel-Ausdrucksformen sowie das Malen mit komplementären Gegensätzen und das Gestalten mit Flächen und Linien werden als wichtige Themen erkennbar.
Klees Vater war Musiklehrer und seine Mutter zeichnete. Seine musikalische und künstlerische Begabung wurde von seinen Eltern gefördert. Paul Klee lernte sehr früh Geige spielen, wurde schon bald ein sehr guter Musiker und spielte teilweise als Geiger in Bern im Orchester mit.
1898 begann er in München mit seinem Kunststudium.
Er gehört später zu den Mitgliedern der Künstlergruppe „Der blaue Reiter". Seine Arbeit wurde davon ebenso geprägt wie durch kubistische Einflüsse.
Klee, der zunächst eher als Grafiker arbeitete, entdeckte 1914, durch eine Tunisreise angeregt, die Bedeutung der Farbe für sich.
Als Aufbruchsjahre werden die Münchener Jahre von 1906–1920 bezeichnet.
Nachdem Klee sich 1916 freiwillig für den Kriegsdienst gemeldet hatte, wurde er, weil die jungen Künstler August Macke und Franz Marc bereits früh im Krieg gefallen waren, bewusst so eingesetzt, dass er zu seinem eigenen Schutz nur an relativ sicheren Orten und nicht im Frontdienst tätig sein musste. So kam es, dass sich Paul Klee auch in dieser Zeit intensiv mit der Malerei beschäftigen konnte.
1917 war das Jahr, in dem er seinen entscheidenden künstlerischen Durchbruch erzielte.

Es schloss sich die Weimarer Zeit (1920–1925) an. Walter Gropius berief Klee ans *Bauhaus*. Ab 1921 lehrte Paul Klee dort 11 Jahre lang als Dozent. Er gehörte mit Wassily Kandinsky zusammen zu den wichtigsten Personen am *Bauhaus*. In dieser Zeit wurden zunehmend geometrische Formen für sein Schaffen wichtig.
Die Weimarer Zeit war eine sehr glückliche Zeit für Paul Klee. Er lebte dort mit seiner Frau Lily, seinem Sohn Felix und der Katze Fritzi und malte und musizierte viel.
Nach der Auflösung des *Bauhauses* folgte auf die Weimarer Zeit die Dessauer Periode. (1925–1930). In dieser Zeit entstand auch das Werk „Garten am Bach“. Sinn und Ordnung spielten eine bedeutende Rolle. Die Zahl und auch geometrische Figuren als Symbol hierfür sowie die Bedeutung der Linien kennzeichneten viele Werke dieser Zeit.
In einem Bild ein Gleichgewicht zu erzeugen und in der Gesamtkomposition eine Einheit herzustellen, dies versuchte er besonders mittels der Farbe zu erreichen.
Anfang der dreißiger Jahre erhielt Klee eine Berufung an die Akademie in Düsseldorf. Dort blieb er bis 1933, musste dann aber die Akademie verlassen, weil er als „entarteter Künstler“ eingestuft wurde. Wegen der gesamten politischen Lage entschloss sich Klee, Deutschland zu verlassen und nach Bern umzusiedeln. Von 1933 bis 1940 war die Berner Zeit Paul Klees letzte Schaffenspause. Im Alter von 60 Jahren starb Paul Klee 1940 in Muralto (Schweiz).

„Garten am Bach“, 1927

Pinsel u. Aquarell auf Papier auf Karton,
27,5 × 30,2/30,6 cm

Paul Klee wollte mit seinen Bildern nicht nur das malen, was man sowieso sieht, sondern eher das, was man fühlend erlebt oder erträumt. Dies ist ihm auch mit diesem Bild gut gelungen. Das Bild „Garten am Bach“ entstand 1927. Es hat den Anschein, als ob Klee das Farbenmeer eines Gartens aus der Vogelperspektive darstellen wollte. Es ist ein Moment eingefangen, den man erleben kann, wenn man im Flugzeug beim Abheben oder Landen einen Blick aus dem Fenster nach unten wirft.
Das Bild weist kein Oben und Unten im eigentlichen Sinne auf.
Die Sicht von einem erhöhten Standpunkt aus lässt nicht mehr erkennen, was auf dem Boden wächst, sondern hinterlässt nur noch Farbimpressionen. Diese weisen, zumindest auf das Thema bezogen, auf die Jahreszeiten hin, in denen die Vegetation in voller Blüte oder Reife ist. Wenn man langsam eine Augenreise über das Bild macht, wird das Bild immer lebendiger. Eigene Vorstellungen zum Thema „Garten“ vermischen sich mit Vorstellungen, die durch die Farben erweckt werden.
Die Farbe ist ein wichtiges Element in dem Bild. Klee malte das Bild in Aquarellfarben auf weißem Untergrund.
Farbflächen in Gelb, Rot und Grün werden aneinandergesetzt und lassen das Bild auch durch die Komplementärwirkung von Rot und Grün bunt und farbenfroh wirken. Das Gelb mit seiner intensiven Leuchtkraft ragt etwas aus dem bunten Gartenteppich heraus und verleiht dem Bild gleichzeitig mit dem Rot angenehme Wärme. Eine einzelne Blume mit gelber Blüte an einem schwarzen Stängel auf blassrotem Hintergrund verweist neben den durch die Farben provozierten Assoziationen symbolisch auf das Gartenthema.
Die schwarzen Konturen verstärken die in der Farbfläche teils streifenförmig, teils patchworkähnlich angelegten Strukturen.
Vier blaue Farbflächen lassen beim Betrachter Assoziationen an den im Titel genannten Bach aufkommen. Während zwei wässrige, schmutzig-blaue Begrenzungsstreifen an den Bildrändern einerseits an einen Bach erinnern, gibt es im Mittelteil des Bildes zwei leuchtend blaue Farbflecken, die ebenfalls darauf deuten könnten.
Das Bild erzeugt durch die unterschiedliche Flächenstruktur eine große Dynamik. Während die Seiten eher mit langen, horizontalen Linien und größeren Flächen eine gewisse Ruhe vermitteln, weist das mittlere, leicht nach links versetzte Kernstück verschieden große, unruhig durcheinander gewürfelte Flickenstücke auf, die Lebendigkeit vermitteln.
Das Thema „Garten“ beinhaltet für Klee ein sehr bedeutsames Symbol, ein Symbol, das für Ambivalenz steht, für so Gegensätzliches wie: „Geregeltes – Regelloses“, „Verwildertes – Kultiviertes“ oder „Zweckhaftes – Zweckloses“. Diese Gegensätze will Klee einerseits zwar bewusst werden lassen, andererseits sucht er aber den Ausgleich der Gegensätze. Diesen erreicht er hauptsächlich durch den Einsatz der Farbe.
Die Offenheit an den Rändern erweckt den Eindruck, die Farbfelder könnten beliebig über den Bildrand fortgeführt werden und implizieren daher Weite.
Paul Klee gab fast allen seinen Bildern einen Titel. Sie waren für ihn immer bedeutsam.

Paul Klee: Garten am Bach, 1927, 220 (V 10)
27,5 × 30,2/30,6 cm, Pinsel und Aquarell auf Papier auf Karton, Schenkung LK, Klee-Museum, Bern

PAUL KLEE: Garten am Bach (Umrissbild)

1. Bildpräsentation

Bild schärfen

Die langsame Einstellung bis zur Bildgenauigkeit ist eine methodische Möglichkeit, Wahrnehmungsprozesse mit einfachsten Mitteln zu intensivieren und die Kinder auf diese Weise spielerisch an ein Bild heranzuführen, das sicher nicht ihren Sehgewohnheiten entspricht.

Das zunächst diffus gezeigte Bild wirkt im Vergleich zu dem Original stark verfremdet und nähert sich erst allmählich der genauen Abbildung. Dadurch werden die Kinder automatisch angeregt, einen möglichen Bildinhalt zu antizipieren, in einer offenen Gesprächssituation, die alle Assoziationen zulässt.

Ziele

- Sinnliche Wahrnehmungsfähigkeit durch Antizipation schulen
- Fähigkeiten entwickeln, verschiedene künstlerische Ausdrucksweisen und die darin enthaltenen Mitteilungen zu verstehen
- Toleranz und interpretierenden Umgang erlernen

Verlauf

- Für die erste Bildprojektion wird der Overheadprojektor so eingestellt, dass das Bild sehr verschwommen und diffus abgebildet erscheint.

Impuls:
„Was könnte das sein?
Vergleicht Bild und Titel und sprecht darüber!“

- Nach zwei weiteren Einstellungen mit immer mehr Schärfe und weiteren Kinderäußerungen wird das Bild als Original gezeigt.
- Die Kinder erhalten noch einmal die Gelegenheit, sich assoziativ zu äußern und erfahren den Titel des Bildes.
- Bei der folgenden Bildbesprechung werden Erfahrungen und Erkenntnisse zum Motiv, zur formalen Gestaltung und zur künstlerischen Darstellungsweise zusammengetragen.

Didaktisch-methodischer Kommentar

Im Sinne der ästhetischen Erziehung erweitern die Kinder ihre Wahrnehmungs- und Genussfähigkeit durch die Betrachtung des Bildes und das gemeinsame Gespräch darüber. Sie lernen verschiedene künstlerische Ausdrucksweisen kennen und die darin enthaltenen Mitteilungen zu verstehen. Sie erlernen einen interpretierenden Umgang mit einem Kunstwerk und üben sich in Toleranz und Akzeptanz unterschiedlicher Ausdrucksmöglichkeiten. Sie erzeugen eigene innere Bilder und gewinnen Sicherheit in ihrer individuellen Umsetzung in einem ästhetisch-produktiven Gestaltungsprozess, indem sie eigene Sinneseindrücke subjektiv verarbeiten und reflektieren lernen.

Für den methodischen Griff der Schärfung eines Bildes ist es wichtig, den Overheadprojektor schon am richtigen Platz stehen zu haben und die erste Einstellung zur diffusen Wiedergabe vorzubereiten. Für das Gelingen der Projektion ist die Überprüfung der Lichtverhältnisse ebenso wichtig wie die Kontrolle des Größenverhältnisses der Abbildung zu den Maßen der Projektionswand. Ein Bild, das sich neben der Projektionsfläche fortsetzt, kann seine volle Wirkung nicht entfalten!

Alfred Sisley: Hoschedés Garten, 1881

Henri Rousseau: Spaziergang im Jardin du Luxembourg. Denkmal Chopins, 1909

2. Schreibphase

Schreibverfahren: Kreatives Schreiben zu Stimuli

Beim Schreiben zu Stimuli bieten sich verschiedene Möglichkeiten, den Kindern Anreize zum Schreiben zu geben. Stimuli können z. B. sein: Bilder, Musik, Gegenstände, Bewegung sowie eine Kombination der einzelnen Stimuli.
Beim Schreiben zu Bildern ist ein Bild (bzw. sind mehrere Bilder) Ausgangspunkt des Schreibens.
Kreatives Schreiben zu Bildern ermöglicht auf der einen Seite sich schreibend einem Bild zu nähern, dem Bild den Sinn zu geben, den es zu diesem Zeitpunkt für die Schreiberin oder den Schreiber hat. Auf der anderen Seite setzt die Betrachtung des Bildes bzw. die Auseinandersetzung mit dem Bild durch einen speziell gewählten Bildzugang Gedanken und Schreibprozesse in Gang, die ohne das Bild als Ausgangspunkt und Anregung nicht möglich gewesen wären.
Das Bild sollte möglichst viel Offenheit bieten. Gut geeignet sind hier abstrakte bzw. surrealistische Bilder, die keine einheitliche Deutung zulassen. Vorstellungen, Gefühle und Gedanken werden angeregt, es wird aber keine Deutung, also auch kein „Richtig" oder „Falsch" vorgegeben.

Ziele

- Verfassen eines Textes zum Thema „Garten" nach Assoziationen zum Bild von Paul Klee „Garten am Bach"
- Erstellen einer Text-Bild-Collage als Gemeinschaftsarbeit
- Sich eigener Vorstellungen zum Thema „Garten" bewusst werden und mit anderen vergleichen

Verlauf

Der Schreibauftrag lautet:
„Schreibe zu dem Bild ‚Garten am Bach' von Paul Klee einen Gartentext."

- Die Kinder wählen aus den vergrößerten leeren Teilstücken des Bildes (s. S. 62) von Paul Klee ein Segment aus und schreiben in Einzelarbeit ihren Text zunächst auf ein Schreibblatt.
- Die Kinder lesen sich in Kleingruppen ihre Texte vor.
- Die Texte werden in Kleingruppen-Reflexionen mit der Lehrerin oder dem Lehrer oder später in einer Schreibkonferenz überarbeitet.
- Der überarbeitete Text wird auf das ausgewählte Segment geschrieben.
- Die Kinder platzieren ihr Segment auf die dafür vorgesehene Stelle des Gesamtwerkes.

Gartentext
Wenn ich in den Garten gehe, dann sehe ich Grün, Weiß und Rot, und wenn ich rein gehe, dann sehe ich Grün, Weiß, Schwarz und Blau.

Jan, 8 Jahre

Mein Garten
Der blüht, die Blumen wachsen und die Ranken wachsen an dem Geländer runter. An den Gartenhäusern auf den Fenstern sind die Blumenkästen voll Blumen.

Lucia, 7 Jahre

Blumenerstrahlung

Hier blühen Blumen, sie sind so schön, dass sie erstrahlen. Die Menschen pflücken sie gerne, weil sie so schön sind. Menschen tun sie in die Vase. Die Blumen erstrahlen. Jetzt sind sie schöner wie vorher.

Ramona, 7 Jahre

Gartenschönheit

Im Garten sind super Blumen. Und ein Teich und natürlich viele Bäume. Und sogar eine Rutsche. Und ein Klettergerüst. Und eine Schaukel.

Josha, 7 Jahre

Der Garten

Der Garten ist so schön. Die Farben sind grün, rot, gelb und blau, die sind so schön. Das Gras ist grün, die Sonne ist gelb, der Himmel ist blau und die Blumen sind blau, rot und gelb.

Miriam, 7 Jahre

Im Garten tut sich was

Meine Freundin hat zwei Wasserstühle. Wir haben uns darein gelegt und wir hatten viel Spaß. Ende.
Im Garten wachsen sehr viele Blumen, und im Garten scheint meistens die Sonne, und wenn man einen Baum hat, kann man auch ein Baumhaus bauen.

Sabrina, 8 Jahre

Didaktisch-methodischer Kommentar

Beim Schreiben zu Bildern gibt es mehrere Möglichkeiten der Herangehensweise. Je nach Bild und Thema muss man entscheiden, ob und warum man für das Schreiben zu einem Kunstwerk den Kindern den entsprechenden Titel vorgibt oder ob man frei assoziieren und schreiben lässt.

In diesem Fall wurde das Bild in eine Unterrichtsreihe zum Thema „Garten" eingebettet. Die Kinder (2. Klasse) hatten sich bereits mit vielfältigen Aspekten des Themas auseinander gesetzt, hatten einen „Gartenerkundungsspaziergang" vorgenommen, hatten mit Farben zum Thema „Blumen im Garten" experimentiert, hatten über Gartenaktivitäten ein kleines Buch angefertigt und hatten Garten-Bilder von Sisley, Rosseau, van Gogh, Monet, Macke und Kandinsky kennen gelernt. Demzufolge lag es nahe, den Kindern nach der Präsentation des Bildes auch den Titel nicht vorzuenthalten.

Die Präsentation des Bildes ermöglichte den Kindern bereits im Vorfeld vielfältige Assoziationen. Ausreichend Zeit für ein Gespräch über das, was die Kinder entdecken konnten bezüglich Farben und Formen sowie kurze Informationen zum Maler und seiner Malweise waren sinnvoll und fruchtbar für den Verlauf der Arbeit.

Der Arbeitsauftrag wurde bewusst so offen gehalten, um für alle Kinder die Wahl der Textsorte freizustellen.

Die abstrakte Gartendarstellung Klees lädt dazu ein, gängige Vorstellungsmuster von Gärten zu durchbrechen. Nimmt man die Texte der Zweitklässler, so entdeckt man bereits hier erste Versuche, durch expressives Schreiben Gefühle und Vorstellungen auszudrücken.

Andere Kinder wiederum haben mehr Bezug auf ihre eigenen Vorstellungen von Gärten genommen und diese in ihren Texten ausgedrückt.

Im abschließenden Reflexionsgespräch mit allen Kindern kann die Vielfalt der Textideen herausgestellt werden. Sowohl Eindrücke über Farbimpressionen und Blumen als auch über Spiele und Aktivitäten, die im Garten stattfinden können, sind dabei gleichwertige Gesprächsanlässe.

3. Gestaltungsphase

Ästhetisches Verfahren: Malen mit Deckfarben

Das besprochene Bild eröffnet den Kinder durch seine abstrakte Darstellungsweise eine neue, erweiterte Bildauffassung. Somit erfüllt es eine Vorbildfunktion, in eine fantastische Welt vorzudringen, die nicht mehr Abbild ist, sondern Vorgestelltes.
Der Bildgrund ist vorgegeben, begrenzt und weiß. Auf die unterschiedlichen Formen der Segmentabschnitte muss unterschiedlich während des Malens reagiert werden. Das hat Auswirkungen auf motivische und formale Ausdrucksmöglichkeiten.
Bei den Deckfarben ist die Farbpalette groß und kann durch Mischen erweitert werden. Farben und Formen können gezielt gesetzt werden. Der Pinsel ermöglicht sowohl einen punkt-, linien- und flächenförmigen Farbauftrag.
Es soll ein Einzelbild entstehen, das wiederum Ausschnitt eines Gesamtwerkes ist. Das heißt aber nicht, dass eine Richtung vorgegeben wird. Auf eine individuelle Gestaltung wird besonders hingewiesen. Das bedeutet: freie Farbwahl und unterschiedlicher Farbauftrag, selbst gewählte Darstellungs- und Gestaltungsweise. Die Kinder entscheiden selbst, ob sie gegenständlich, abstrakt, dekorativ oder expressiv malen. Allein die eigenen Vorstellungen sollen umgesetzt werden und einen eigenen Ausdruck finden.
Eine weitere Motivation ist das Entdecken des eigenen Bildes im Gesamtbild.

Ziele

- Die Farbwahl, den Werkzeuggebrauch und die Art des Farbauftrags im Sinne der eigenen bildnerischen Absichten einsetzen
- Die Realisierung einer bildnerischen Absicht an die Besonderheiten des gewählten Verfahrens binden
- Ausgestalten von Vorstellungsbildern

Verlauf

- Die Aufmerksamkeit der Kinder wird noch einmal auf das Klee-Bild gerichtet.
- Die Flächenaufteilung wird aufgegriffen und mit den vorher auf den Tisch ausgelegten unregelmäßigen Bildausschnitten verglichen.
- Das Prinzip der Gemeinschaftsarbeit wird mit den Kindern noch einmal wiederholt.
- Die Kinder wählen einen dieser Ausschnitte als Malgrund.
- Sie legen sich die Materialien zurecht.

Die Gestaltungsaufgabe lautet:

„Garten meiner Wünsche" – Ein Ausschnitt aus Paul Klees abstrakter Gartengestaltung wird von den Kindern nach ihren konkreten Vorstellungen gemalt.

- Die Kinder gestalten nach eigenen Vorstellungen und Wünschen.
- In einem Reflexionsgespräch vergleichen sie ihre Ergebnisse.
- Die Kinder kleben ihre gemalten Gärten auf die dafür vorgesehene Fläche.

Didaktisch-methodischer Kommentar

Dieser fächerübergreifende Unterrichtsvorschlag sollte nicht isoliert durchgeführt werden, sondern im Rahmen einer Unterrichtsreihe angeboten werden.
Deckfarben haben den Vorteil, dass sie leicht zu handhaben sind und dass die meisten Kinder schon Erfahrungen damit haben.
Der Vorzug, mit dem Borstenpinsel arbeiten zu lassen, ist, dass die Kinder die Farben besser aus den Farbtöpfen lösen können und die Borsten dem Druck der Kinderhand weniger nachgeben.
Im Reflexionsgespräch vergleichen die Kinder ihre Ergebnisse und nehmen Stellung zu Inhalten und Motiven, Nutzung des Gartens, Farbigkeit, zu abstrakten oder gegenständlichen Darstellungsweisen.
Sie vergleichen und untersuchen die Größe und Form ihrer Flächen auf die Auswirkungen unterschiedlicher Gestaltungsmöglichkeiten hin.
Ein Vergleich der Bilder mit den Texten kann ebenso stattfinden.

Gabriele Münter: Gelbes Haus mit Apfelbaum

(Bildvorlage S. 74)

„Deine wiegende Linie und dein Farbensinn, … eine überwiegende Farbenexplosion."

1. **Bildpräsentation: Puzzle**

2. **Schreibverfahren: Haiku oder Elfchen**

3. **Ästhetisches Verfahren: Neubearbeitung des Bildes durch „jahreszeitliche" Farbveränderung**

Medien und Material	Vorbereitung
• Puzzles von „Gelbes Haus mit Apfelbaum" (Schwarz-Weiß-Kopie) (s. S. 74) • Umschläge (Anzahl entspricht der halben Klassenstärke)	• Puzzles herstellen und in Umschläge stecken
• „Gelbes Haus mit Apfelbaum" als Farbfolie (s. S. 74) und Overheadprojektor • „Gelbes Haus mit Apfelbaum" (Umrissbild) als Folie (s. S. 75)	• Konturenbild und Farbfolie von „Gelbes Haus mit Apfelbaum" auf den bereitgestellten Overheadprojektor legen; Farbfolie wird dabei deckungsgleich auf Konturenfolie gelegt
• Arbeitsblätter für Elfchen und Haiku (s. S. 81 f.)	• Arbeitsblätter für das Schreibverfahren bereitlegen
• DIN-A3-Kopien von „Gelbes Haus mit Apfelbaum" (Umrissbild) (s. S. 75) • Deckfarben, Haarpinsel Nr. 10 bis 14 • Jahreszeitenkarten (s. S. 85)	• Kopien vom Umrissbild anfertigen (vergrößert auf DIN-A3-Format) • Materialien bereitlegen

Gabriele Münter

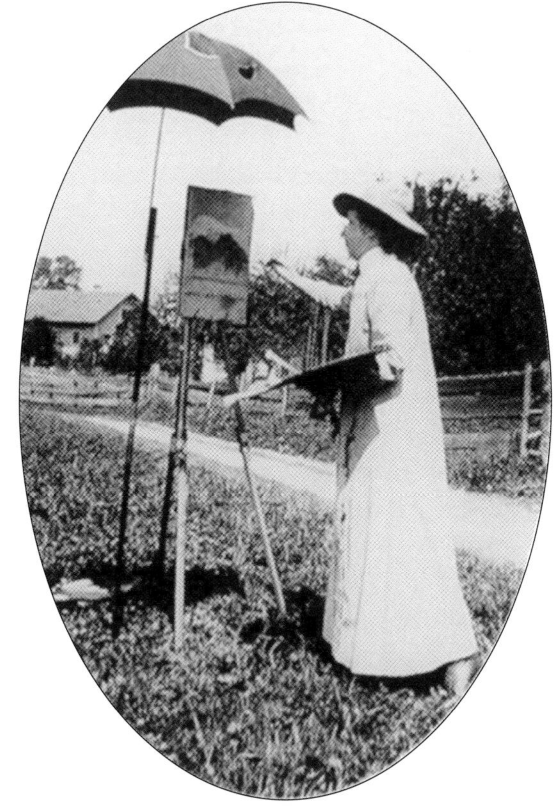

GABRIELE MÜNTER (19.02.1877–19.05.1962), deutsche Malerin. Ihre Werke orientieren sich am Gegenständlichen und sind durch leuchtende Farben und eine flächige Malweise mit breitem Pinselauftrag gekennzeichnet.

GABRIELE MÜNTER wurde am 19. Februar 1877 als jüngstes von vier Kindern in Berlin geboren.
Ihre frühe Kindheit verbrachte sie in Herford, zog 7-jährig mit ihren Eltern nach einer kurzen Zwischenstation in Bad Oeynhausen nach Koblenz, wo sie bis zu ihrem 20. Lebensjahr wohnte.
1897 begann sie mit einer kurzen Unterbrechung ein Zeichenstudium in Düsseldorf an einer Kunstschule nur für Damen, weil es zu der damaligen Zeit noch nicht üblich war, dass Frauen an der Akademie studieren durften.
1898 verließ sie die Schule und reiste zwei Jahre lang mit ihrer Schwester Emmy durch Amerika. Einzelne Werke von Gabriele Münter zeugen noch von dieser Zeit.
Nach ihrer Rückkehr führte Gabriele Münter ein nur wenig sesshaftes Leben. Von Koblenz über Bonn gelangte sie nach München, wo sie ihr Kunststudium fortsetzte. Dort begegnete ihr erstmals Wassily Kandinsky, in dessen Malklasse sie als seine Schülerin aufgenommen wurde.
Die beiden verliebten sich ineinander, lebten längere Zeit zusammen, widmeten sich intensiv ihrer Kunst und inspirierten sich gegenseitig.

Von 1901 bis 1908 begann eine intensive Reise- und Arbeitszeit der Künstlerin, sowohl im Inland wie im Ausland, teils allein, teils mit Kandinsky. Auf zahlreichen Radtouren sammelte sie *die* Eindrücke, die man in ihren Landschaftsbildern wiederfindet. So kam es dazu, dass sie 1908 mit Kandinsky das Örtchen Murnau entdeckte, das eine wichtige Station in ihrem Leben werden sollte. Schon 1909 erwarb sie dort ein Haus in der Kottmüllerallee, das heute noch zu besichtigen ist. Das Haus wurde damals *Russenhaus* genannt, weil viele russische Künstler dort häufig zu Besuch waren.
Ebenfalls im Jahr 1909 wurde auch die „Neue Künstlervereinigung München" gegründet, deren Mitglied sie wurde und deren Vorsitz Kandinsky übernahm. An der ersten Ausstellung im Dezember 1910 war Gabriele Münter mit 10 Gemälden vertreten. Eine zweite Ausstellung mit internationaler Beteiligung folgte.
In der Folgezeit kam es auch zu Kontakten mit Franz Marc und August Macke.
1911 verließen Gabriele Münter und Wassily Kandinsky nach Meinungsverschiedenheiten die „Neue Künstlervereinigung München".
Gabriele Münter gilt zusammen mit Wassily Kandinsky, Paul Klee, Franz Marc, August Macke und Alexej Jawlensky als Mitbegründerin der Künstlergruppe „Der Blaue Reiter". Nach einer ersten Ausstellung in München fand die zweite Ausstellung der Künstlergruppe in Murnau statt.
Während des Ersten Weltkrieges verbrachte Gabriele Münter einen Teil ihrer Zeit in Skandinavien. In diese Zeit fiel auch die Trennung von Wassily Kandinsky (1914–1916). Zu der seelischen Not durch diese Trennung kam auch noch materielle Not hinzu.
Erst 1920 kehrte die Künstlerin zurück nach Murnau. In dieser Zeit, vornehmlich 1923 und 1924, entstanden größere Gemälde mit Ansichten des Ortes.
Gabriele Münters Bilder zeichnen sich durch eine hohe Farbintensität aus. Die oft flächig dargestellten Formen weisen klare Umrisslinien auf.
Sie malte vielfach Landschaftsbilder und reduzierte dabei ihre Eindrücke auf einfache Formen, die sich auf Wesentliches beschränken.
1928 lernte sie Johannes Eichner kennen, der ihr neuer Lebensgefährte wurde und später von Gabriele Münter das Murnauer Haus in der Kottmüllerallee kaufte.
Bis zum Ende des Zweiten Weltkrieges lebte die Künstlerin sehr zurückgezogen. Es entstanden neue Landschaftsbilder, die an die Vorkriegszeit anknüpften und in den fünfziger Jahren wieder aufgegriffen wurden. Dies war die Zeit, in der Gabriele Münter national und international ihre größte Anerkennung erfuhr. Unter anderem war sie auch auf der ersten *documenta* 1955 in Kassel vertreten.
85-jährig starb Gabriele Münter im Jahr 1962 in Murnau.

„Gelbes Haus mit Apfelbaum", 1910

Öl auf Pappe,
42 × 49,5 cm, Privatbesitz

Die anfangs noch impressionistisch beeinflusste Malweise der Künstlerin aus der Zeit von 1908 wird abgelöst durch neue Ausdrucksmittel, die Gabriele Münter für sich entdeckt hat. Sie malt die Landschaften so, wie sie sie fühlt und empfindet. Eine ausdrucksstarke Farbgebung sowie flächige, reduzierte Formen führen zu einem Abstrahieren dessen, was sie an der ländlichen bayerischen Umgebung inspiriert.
Das Bild zeigt ein heute noch erhaltenes Haus in Murnau, das sich an einer Weggabelung befindet. Insgesamt gibt es drei Bilder, denen das Motiv „Haus mit dem Apfelbaum" zu Grunde gelegt ist. Von diesen drei Werken ist das vorliegende Bild das am weitesten stilisierte Gemälde.
Die 1908 entstandene erste Version mit dem Titel „Sommer" weist noch viele Details auf, bedient sich einer differenzierten Farbgebung und lässt noch nicht die klaren Konturenlinien erkennen, die für die späteren Bilder dieses Motivs „Garten in Murnau" (1910) und „Gelbes Haus mit Apfelbaum" (1910) so charakteristisch sind.
Mehr und mehr werden gegenständliche, detaillierte Darstellungen reduziert wiedergegeben, auf alles Nebensächliche wird verzichtet. Flächen treten in den Vordergrund, werden durch einfache Konturen strukturiert. Beides gibt dem Bild eine überraschende Plastizität, besonders wenn man es mit etwas mehr räumlichem Abstand betrachtet.
Auf dem Bild erkennt man im Vordergrund einen Weg mit leicht ansteigenden Rasenflächen

und Hügeln. Auf einem der Hügel steht ein „gelbes" Haus, zum Teil durch einen Apfelbaum verdeckt.
Der Apfelbaum drängt sich aus einem kleinen Hügel oder hinter dem Hügel hervor und droht gleichsam ins Bild zu fallen. Ein Baum mit fingerförmigen Umrissen steht links vom Haus. Auf Einzelheiten des Hauses wird hier bewusst verzichtet.
Eine klare räumliche Vorstellung kann teilweise nicht gebildet werden. Wo steht der Apfelbaum genau? Hinter dem Hügel am Wegrand? Oder auf dem Hügel?
Das Bild wirkt wie mit einem Zoom herangezogen, wodurch der Betrachterin und dem Betrachter eine sehr direkte Sicht auf den gewählten Landschaftsausschnitt gleichsam aufgezwungen wird.
Wie Flicken bzw. Muster wirken die Flächen aneinandergesetzt und miteinander durch die Konturengebung verknüpft.
Der Baum neben dem Haus zeigt deutlich die Reduktion auf eine einfache Form hin.
Die klaren Konturen der Landschaft im Vordergrund sowie die Einfachheit der Darstellung des Hauses und der Bäume lässt die expressive Wirkung, die dieser kleine Landschaftsausschnitt auf Münter ausübte, in beeindruckender Weise deutlich werden. Die Art der Linienführung erweckt beim Betrachten eine harmonische Vorstellung.
Die Farbgebung ist insgesamt intensiv. Die Farben wurden mit kräftigen Pinselstrichen bewegt aufgetragen.
Rot-Grün-Kontraste sowie Blau-Gelb-Korrespondenzen sind von Gabriele Münter im Bild angelegt worden.
Die reifen Äpfel des Apfelbaums deuten auf den Spätsommer hin. Auch die leichten Ockertöne im kräftigen Blau des Himmels unterstreichen diesen Eindruck. Es scheint, als ob die Abendsonne einen Sommertag langsam zu Ende gehen lässt. Die rötlich bis violett schimmernden Flächen im Vordergrund verstärken diesen Eindruck.

Laura

Teresa

Gabriele Münter: Gelbes Haus mit Apfelbaum, 1910

Gabriele Münter: Gelbes Haus mit Apfelbaum (Umrissbild)

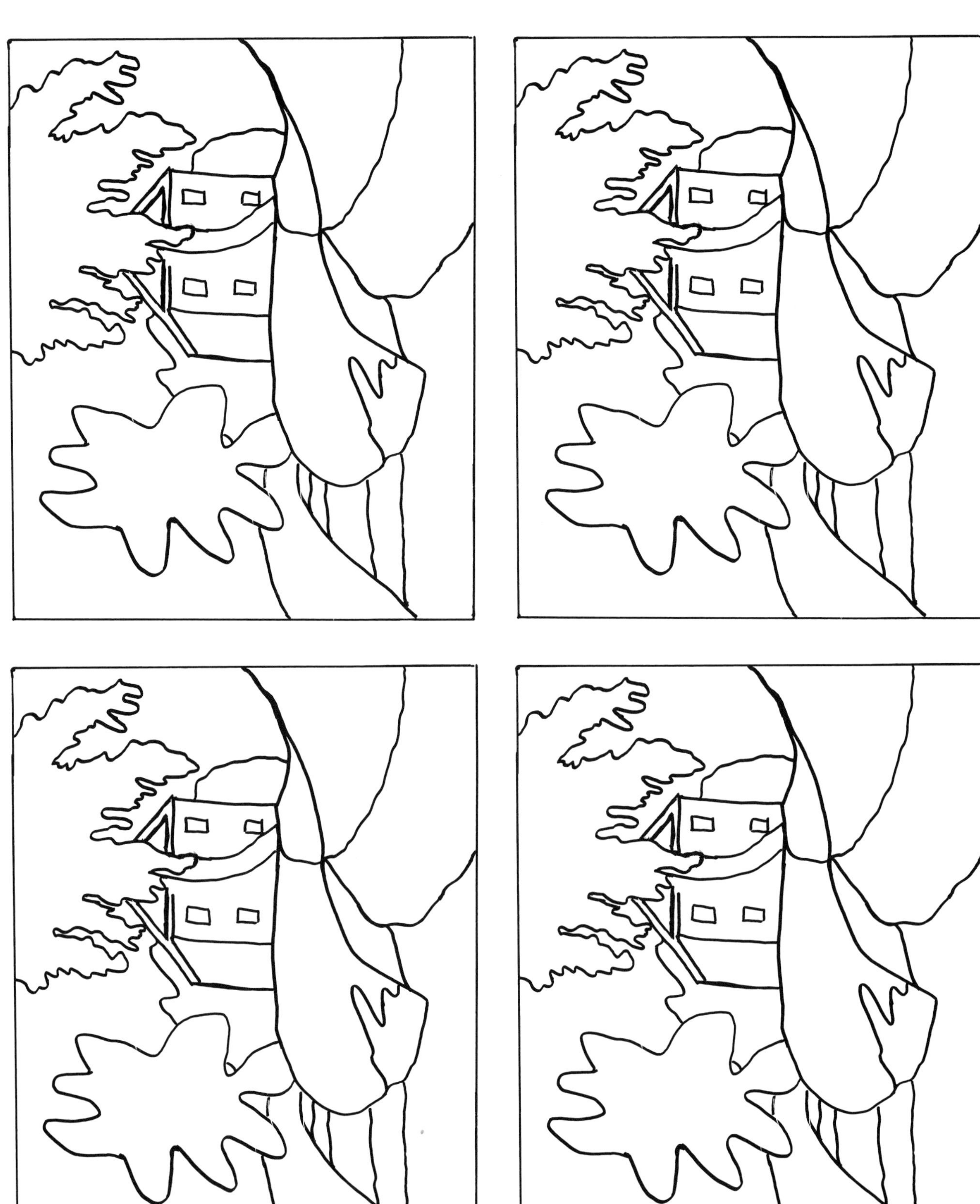

1. Bildpräsentation

Puzzle

Das Puzzle eignet sich gut, sich handelnd mit dem Bild, dessen Aufbau und dessen Details auseinander zu setzen.

Die Art und Weise, wie die Puzzle-Teile geschnitten werden, kann variiert werden und sich nach dem Motiv oder den Formen des Bildes richten oder beides völlig außer Acht lassen. Alter und Vorerfahrung der Kinder sollten berücksichtigt werden.

Ziele

- Sinnliche Wahrnehmungsfähigkeit durch Kombinieren schulen
- Ästhetisches Erleben genießen

Verlauf

- Briefumschläge mit den Puzzle-Teilen werden verteilt.
- Das Puzzle wird in Partnerarbeit gelegt.
- Erste Äußerungen zu dem gelegten Puzzle können gemacht werden.
- Projektion des Bildes „Gelbes Haus mit Apfelbaum" mit dem Overheadprojektor.

Impuls:
**„Fügt die Puzzle-Teile zusammen und sprecht darüber.
Vergleicht nun das Bild mit der Farbabbildung am Overheadprojektor!"**

- Äußerungen der Kinder zur Farbigkeit, zur Landschaft, zu den dargestellten Bildgegenständen und zur Jahreszeit.
- Ergänzungen durch die Lehrerin oder den Lehrer.

Didaktisch-methodischer Kommentar

Falls möglich, ist ein Jahreszeitenspaziergang mit den Kindern im Vorfeld sinnvoll. Dadurch werden sich die Kinder ihres Naturverständnisses deutlicher bewusst. Durch das Naturbild „Gelbes Haus mit Apfelbaum" der Künstlerin Gabriele Münter, erweitern sie ihre eigene Sichtweise der Natur bzw. der Jahreszeit dann um die der Künstlerin.
Eine längere Auseinandersetzung mit dem Bild ist notwendig. Die Kinder sollen sich ganz darauf einlassen und alle Sinne dabei berücksichtigen. Durch den Einsatz des Puzzles ist bereits eine erste intensive Auseinandersetzung mit dem Bild angebahnt worden.
Die Kinder werden durch die Puzzle-Teile angeregt, handelnd über erste Bildzusammenhänge nachzudenken. Später wird das Farbbild am Overheadprojektor mit dem Puzzle verglichen. Die Kinder haben nun Gelegenheit, sich zum Motiv, zur Farbigkeit und zu den dargestellten Bildgegenständen zu äußern.
Dann könnte von der Lehrerin oder dem Lehrer eine Unterstützung dadurch erfolgen, dass nicht nur gefragt wird, was die Kinder sehen, sondern vielleicht auch fühlen, schmecken oder riechen. Beschreibende Elemente verstärken in diesem Fall die Wahrnehmung und ge-

ben Hilfen für das Schreibverfahren und das ästhetische Verfahren.
Durch die Begrenzung auf das Bild wird eine Fokussierung der Natureindrücke auf einen bestimmten Naturbereich innerhalb einer Jahreszeit vorgenommen.

Die Lehrerin oder der Lehrer ergänzt, erläutert, erzählt über die Landschaft, von der Künstlerin und dem Ausschnitt des Abbildes der Wirklichkeit.

Milena

Janis

2. Schreibphase

Schreibverfahren: Haiku

Das Haiku ist ein Naturgedicht. Es stammt aus Japan und hat dort bereits eine lange Tradition. In einem Haiku bzw. durch ein Haiku soll Natur erlebt werden. Es soll die Einmaligkeit der Natur, die Weite, die Eigengesetzlichkeit, das Besondere der Natur an kleinen Naturerlebnissen deutlich gemacht werden.
Das Haiku hat eine festgelegte Form. Es besteht aus drei Zeilen, von denen die erste und dritte Zeile aus je 5 Silben und die zweite Zeile aus 7 Silben besteht. Insgesamt hat das Gedicht also 17 Silben. Es soll sich nicht reimen und keine reine Bildbeschreibung sein. Es soll offen sein und der Leserin und dem Leser Spielraum zum Weiterdenken oder Weiterfühlen geben. Außerdem soll in dem Gedicht die Jahreszeit oder die Tageszeit durch ein bestimmtes Wort erkennbar werden. So kann z. B. durch das Wort „Knospen“ auf den Frühling oder durch die Wörter „bunte Blätter“ auf den Herbst hingewiesen werden.

Apfelbaum vorm Haus
Der Weg geht durch den Garten
Der Baumstamm ist braun
Julian

Haus mit Bäumen zwei
Morgengrauen sieben Uhr
Kein Lebenszeichen
Nick

Apfelbaum vorm Haus
Blümchen sind hinten am Haus
Im Bach sind Fische
Rabea

Apfelerntezeit
Schattenspielerei am Haus
Still ist es am Haus
Christian

Schreibverfahren: Elfchen

Das Elfchen ist eine lyrische Textform. Es unterliegt Regeln und wird nach einem bestimmten Verfahren durchgeführt.
Das Elfchen besteht aus elf Wörtern:

1. Zeile: 1 Wort
2. Zeile: 2 Wörter
3. Zeile: 3 Wörter
4. Zeile: 4 Wörter
5. Zeile: abschließend wieder nur 1 Wort

Die äußere Gestaltung des Elfchens kann man der Vorlage (s. S. 82) entnehmen.

Wichtig für diese lyrische Form ist, dass pro Zeile eine Sinneinheit abgeschlossen ist und der Text nicht zeilenübergreifend gelesen wird.
Die erste Zeile gibt jeweils das Thema an, z. B. ein Gefühl, eine Farbe, einen Gedanken, einen Oberbegriff o. Ä. Während die nächsten drei Zeilen mit Hilfe bestimmter Fragen oder Anregungen ausgefüllt werden, soll die letzte Zeile ein besonderes Wort, sozusagen die Pointe, enthalten.
Dieser Abschluss ist ein wichtiges Wort und muss genau überdacht werden. Es kann ein zusammenfassender Begriff sein, ein bewusst gewählter Gegensatz, eine überraschende Wende etc.
Folgende Aufträge wären denkbar:

1. Zeile: Thema (z. B. ein Gefühl, eine Farbe, einen Gedanken, einen Oberbegriff)
2. Zeile: Erkläre die erste Zeile näher. An wen/an was denkst du dabei? Beschreibe hier das erste Wort noch genauer …
3. Zeile: Wo, in welcher Umgebung befindet sich das, worüber du schreibst? Wie ist es?
4. Zeile: Schreibe noch mehr über das, was du in der zweiten Zeile geschrieben hast.
5. Zeile: Schreibe ein abschließendes Wort (s. o.).

Diese Fragen passen nicht immer und können im Hinblick auf das gewählte Thema sinnvoll abgeändert werden.
Im vorliegenden Beispiel soll ein Jahreszeiten-Elfchen entstehen. Beim ersten Mal empfiehlt es sich, mit den Kindern sukzessive vorzugehen: Zeitgleich schreiben alle die erste Zeile, erhalten dann die Fragen und Anregungen zur zweiten Zeile usw. Später können die Kinder andere Elfchen in ihrem individuellen Tempo schreiben. Die Fragen oder Anregungen stehen den Kindern dann schriftlich (Tafeltext, Arbeitsblatt, s. S. 82) zur Verfügung.
Hinweise für ein Jahreszeiten-Elfchen kann man der Vorlage S. 82 entnehmen.

Frühling
die Blüten
es ist warm
die Sonne scheint stark
Farben
Nesli

Apfelbaum,
gelbes Haus
Haus und Berg
Ich ernte rote Äpfel
Sommer
Elke

Herbst
bunte Blätter
das Laub fällt
Es wird kalt draußen
Kastanien
Daniela

Winter
alles weiß
Schnee und Eis
Schneemann bauen jeden Tag
Kälte
Max

Ziele

- Schreiben eines Elfchens (oder Haikus) zu einer gewählten Jahreszeit
- Sensibilisierung für lyrische Textformen
- Auseinandersetzung mit dem Bild und den Jahreszeiten in der Natur durch die Textproduktion

Verlauf

- Notieren von Assoziationswörtern zum Bild.
- Aus den vorbereiteten Arbeitsblättern eins auswählen und einen Text schreiben.

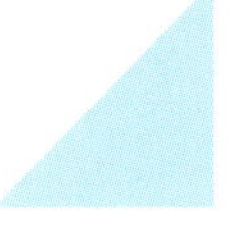

Der Schreibauftrag (für Klasse 3–6) lautet:
„Schreibe zu dem Bild von Gabriele Münter ein Haiku. Erinnere dich an die Silbenzahl: erst 5, dann 7, dann wieder 5 Silben.“

oder

Der Schreibauftrag (für Klasse 2–4) lautet:
„Schreibe zu dem Bild von Gabriele Münter ein Elfchen.“

- Präsentation der Texte, Austausch über Textideen und sprachliche Umsetzung.

Didaktisch-methodischer Kommentar

Nach der Bildbetrachtung überlegt sich jedes Kind die Jahreszeit, die seiner Meinung nach auf dem Bild dargestellt worden ist, notiert diese und versucht herauszufinden, wodurch sie im Bild ausgedrückt wird. So wie Frederick bei Leo Lionni vor dem Winter Wörter für Geschichten sammelt, so sollen die Kinder Wörter sammeln, die sie vielleicht für ihr Gedicht verwenden wollen. Diese können nun noch in Form von Assoziationswörtern notiert werden. Daraus kann dann entsprechend der unten genannten Vorgaben (5–7–5 Silben) ein Haiku erstellt werden. Das Sammeln von Wörtern ist oft sehr hilfreich für das Erstellen von Haikus. Das Jonglieren mit Silben kann dabei spielerisch geübt werden. Partnerarbeit ist ggf. möglich. Das Arbeitsblatt S. 81 mit vorgefertigten Silbenkästchen kann unterstützend wirken.
Durch die formale Silben-Vorgabe erfolgt eine gewollte Irritation bei den Kindern und eine Ablenkung auf die Form hin. Beides setzt möglicherweise ein Denken frei, das im Zusammenspiel mit dem vorliegenden Bild zu Texten führen kann, die über das hinausgehen, was Kinder sonst denken und versprachlichen können.
Kinder, die mit der Form des Haikus und mit dem Betrachten von Kunstwerken bereits Erfahrung haben, können hier auch ohne Vorbesprechung eigene Texte schreiben. Dann würde die oben genannte methodische Überlegung als Differenzierung für Kinder mit Hemmungen oder mit fehlenden Ideen gelten.
Zu thematisieren ist, dass nicht nur einfach drei Sätze bzw. Zeilen aneinandergereiht werden, die zwar Aussagen zum Bild machen, aber sonst nicht viel miteinander zu tun haben, sondern dass ein innerer Zusammenhang bestehen soll. Die Suche nach treffenden Ausdrücken und bestmöglichen Formulierungen ist in der verdichteten Sprache des Haikus unumgänglich und muss mit den Kindern besprochen werden.
Die Kinder könnten auch ein Haiku zu ihrem selbst gemalten Jahreszeitenbild (s. S. 83 ff.) schreiben.
Ähnlich könnte beim Schreiben eines Elfchens vorgegangen werden.
Ziel neben der Steigerung der schriftlichen Ausdrucksfähigkeit ist es, die Kinder für diese Art von Lyrik zu sensibilisieren. Es soll ihnen ein „Werkzeug“ an die Hand gegeben werden, das ihnen die schriftliche Auseinandersetzung mit der Natur in einer lyrischen Form ermöglicht. Gleichzeitig soll ein bewussteres Wahrnehmen des Bildes dadurch initiiert werden.

Thema

Erkläre das Thema näher.

Wo ist es? Oder wie ist es?

Beschreibe näher.

Schreibe ein abschließendes Wort.

Jahreszeit

Woran erkennst du die Jahreszeit?

Beschreibe die Jahreszeit auf dem Bild genauer.

Was ist dir noch wichtig?

Schreibe ein abschließendes Wort, das dem Gedicht einen passenden Schluss gibt.
Überlege gut und lass dir Zeit!

3. Gestaltungsphase

Ästhetisches Verfahren: Neubearbeitung des Bildes durch „jahreszeitliche" Farbveränderung

Eine methodische Möglichkeit der rezeptiven und ästhetisch-produktiven Bildinterpretation ist die Auseinandersetzung mit dem Bild durch Umstrukturierung.
Motiv und Bildaufbau sollen erhalten und identisch mit dem Original bleiben.
Die Umgestaltung des Landschaftsbildes soll durch Farbveränderungen geschehen.
So wie im Kreislauf des Jahres die farblichen Veränderungen in der Natur beobachtet werden, sollen die Kinder durch eine veränderte, aber möglichst gezielte Farbgebung, das Bild so verändern, dass eine andere Jahreszeit ablesbar wird.
Die vorgegebene Kopie mit Umrisslinien bzw. Konturenlinien soll die Arbeit in der Übereinstimmung mit dem Original erleichtern, aber die Konzentration auf farbliche Umgestaltung steigern.
Gemalt wird mit Deckfarben und dickem Haarpinsel. Malgrund ist für alle Kinder die gleiche Landschaft, die ihnen als Konturenbild zur Verfügung steht.
Die Größe der Bilder kann variiert werden. Dies richtet sich nach Alter und Voraussetzung der Klasse.

Ziele

- Jahreszeiten erinnern und imaginieren
- Farben im Sinne der eigenen Bildabsicht nutzen

Verlauf

- Erneutes Einschalten des Overheadprojektors.
- Das Originalbild wird entfernt und die Gestaltungsaufgabe wird anhand der Konturenfolie erklärt.

Die Gestaltungsaufgabe lautet:
„Stelle dir vor, du kommst zu einer anderen Jahreszeit an diesen Ort!" – Gestalten der Landschaft mit Farben, die eine andere Jahreszeit erkennen lassen.

- Fragen zu Materialien und Technik werden geklärt.
- Durchführung der Gestaltungsaufgabe.
- Zuordnung der Bilder zu bereitgestellten Jahreszeitenkarten – Reflexionsgespräch.

Didaktisch-methodischer Kommentar

Das Malen auf vorgegebener Binnenstruktur wird mitunter gering geschätzt. Der Sinn einer Vorzeichnung für das Malen besteht jedoch darin, ein festes Gefüge für die Farbgebung zu schaffen: Begrenzungen sind schon vorgegeben und müssen nicht erst erstellt werden. Es sind Flächen, die mal einen Weg, eine Wiese, einen Baum, ein Haus, Früchte und Fenster darstellen, also Elemente des erarbeiteten Landschaftsbildes von Gabriele Münter, dessen formale Formulierungen übernommen werden.
Bezogen auf diese Flächeneinheit werden die Farben zugeordnet, das heißt untereinander und

zum Ganzen so in Beziehung gesetzt, dass die beabsichtigte erdachte Jahreszeit eine andere künstlerische Wirkung erhält.
Es handelt sich also hier um ein Malen im besten Sinne, weil es dabei um die farbige Gestaltung geht, um das In-Beziehung-Setzen vorher begrenzter Flächen mit dem Ziel einer inhaltlichen Aussage. Das Farberleben und das Farburteil werden dadurch in ganz besonderer Weise gefördert. Wichtig ist, dass die Maltechniken im Unterricht nicht als Selbstzweck behandelt werden. Ziel ist es, dass die Kinder begreifen, dass die Farbe die inhaltliche Aussage unterstützt und mitunter sogar trägt und dass ihre Fähigkeiten entwickelt werden, zu einer eigenen Aussage und zu individuellem Ausdruck zu kommen.
Zum guten Gelingen tragen auch gute Malutensilien bei. Die Qualität der Pinsel – Material und Stärke – ist wesentlich für den Arbeitserfolg.
Nach dem Gestaltungsprozess werden die Jahreszeitenkarten aufgehängt. Die Kinder ordnen ihre Bilder einer Jahreszeit zu, begründen ihre Entscheidung und benennen charakteristische Merkmale für die unterschiedlichen Jahreszeiten. In der Reflexion werden die Kinderbilder noch einmal mit dem Original verglichen.
Vielleicht gelingt eine weitere Differenzierung in Vorfrühling, Spätherbst ..., vielleicht gibt es auch Tipps von Kindern für Kinder zur Überarbeitung, um die Jahreszeiten deutlicher werden zu lassen.
Alternativ können vier Mini-Bilder zu den vier Jahreszeiten mit Buntstift oder Filzstift gemalt werden, die dann hinsichtlich ihrer Farbgebung (wie oben) besprochen werden.

Verena

Moritz

Andreas

Florian

Frühling	**Sommer**
Herbst	**Winter**

Robert Rauschenberg: Wette, Schwarzmarkt, Geschichte (Bildvorlagen S. 91 ff.)

„Ich mag die Geschichten von Objekten. Ich mag menschliche Reportagen."

1. Bildpräsentation: Entdeckerbörse

2. Schreibverfahren: Schreiben im Partner-Auftrag

3. Ästhetisches Verfahren: Combinepainting

Medien und Material	Vorbereitung
• Diverse gesammelte Gegenstände (siehe Sammelauftrag, S. 97)	• Sammeltätigkeit mindestens eine Woche vorher anregen und Gegenstände gut aufbewahren
Folien, Farbkopien oder Dias von • „Wette“ (s. S. 91) • „Schwarzmarkt“ (s. S. 92) • „Geschichte“ (s. S. 93)	• Bilder so präsentieren, dass die Kinder freien Zugang zu diesen haben
Für jedes Kind: • Arbeitsblatt „Wörterquadrat“ (s. S. 100) und Schreibblätter	• Arbeitsblätter für das Wörterquadrat kopieren und mit Schreibblättern bereitlegen
• Karton (40 × 50 cm; 2 mm stark)	• Karton oder Wellpappe (evtl. durch die Kinder) organisieren (lassen)
• Abtönfarben (schwarz, weiß, rot, blau, gelb, grün), Plastikgefäße	• Abtönfarben in Becher verteilen; den Schwerpunkt hier auf Weiß und Schwarz legen
• Zeitschriften, Tapeten- und Tonpapierreste, Gartendraht, Kordel • Schere, Cutter, Zangen, Bohrer • Klebstoff, Tapetenkleister, Heißklebepistole, Malutensilien	• Alle angegebenen Medien und Materialien (außer der Heißklebepistole) übersichtlich für den selbstständigen Zugriff bereitlegen

Robert Rauschenberg

Robert Rauschenberg (geb. 22. 10. 1925), amerikanischer Künstler, der mit Combinepaintings eine neue Bildgattung schuf: Kombination von Malerei und frei stehenden Objekten.

Robert Rauschenberg wurde am 22. Oktober 1925 in Port Arthur, Texas, USA, als einziger Sohn von Dora Carolina Matson und Ernest Rauschenberg, einem Angestellten der örtlichen Elektrizitäts- und Stromgesellschaft, geboren. Seine Schwester Jane kam 11 Jahre später zur Welt.

Schon als Kind malte er sehr viel und sammelte ständig irgendetwas, was er in Kisten und Schachteln aufbewahrte.

Er ging nicht gerne in die Schule, war kein guter Schüler und beschäftigte sich lieber mit seinen zahlreichen Tieren.

Unter dem Einfluss seiner tiefreligiösen Mutter wollte er als Jugendlicher Prediger werden. Allein seine Leidenschaft zum Tanzen, was die Kirche ihm verbot, hatte ihn davon abgehalten. Sein besonderes Interesse galt dem Theater. Als Schüler war er Mitglied einer Theatergruppe, baute und malte Bühnenbilder und Kulissen und entwarf und fertigte Kostüme an.

1943 beendete er seine Schullaufbahn als Absolvent der High School und begann ein Pharmazie-Studium, das er nach einem halben Jahr wieder abbrach.

Unmittelbar danach wurde er zum Militärdienst eingezogen und erhielt seine Grundausbildung in der Kriegsmarine.

Anschließend wurde er als Techniker in der Neuropsychiatrie eingesetzt und im Sommer 1945 aus der Navy entlassen. Während dieser Zeit besuchte er zum ersten Mal eine Kunstsammlung. Dieser Besuch wurde für ihn zum Schlüsselerlebnis. Sein großes Interesse am Zeichnen und Malen eröffnete ihm eine neue Lebensperspektive, selbst Künstler zu werden.
Er ließ sich in Los Angeles nieder und arbeitete für kurze Zeit als Illustrator.
Ab 1947 begann er mit dem Kunststudium am „Art Institute" in Kansas City.
Im folgenden Jahr verließ er Amerika und studierte in Paris weiter. In den Museen und Galerien sah er Werke von Picasso und Matisse, die ihn nachhaltig beeindruckten.
Ende 1948 kehrte Rauschenberg nach Amerika zurück und setzte sein Kunststudium am „Black Mountain College" in North Carolina bei Josef Albers fort. Trotz häufiger Meinungsverschiedenheiten bezeichnete Rauschenberg ihn als seinen wichtigsten Lehrer. Die Malerei des früheren Bauhauslehrers zeichnete sich durch ein Hochmaß an Rationalität und Präzision aus. Er entwickelte mit großer Disziplin eine Systematik der Beziehungen von Farben untereinander. Rauschenberg interessierte sich für Farbwirkungen, die ihm für seine offenen Farbstrukturen hilfreich waren.
Im Herbst 1949 zog er nach New York um und schrieb sich an der „Art Students League New York" ein. Neben seinen monochromen weißen, schwarzen und roten Bildern entstanden Kästchen und Objekte mit Materialstücken und aufgeklebten Zeitungs- und Stofffetzen, die mit Farbe überstrichen wurden.
Er heiratete Susan Weil, die er in Paris kennen gelernt hatte. Sie mieteten ein Appartement, das ihnen zugleich als Atelier diente. Im Juli 1951 wurde Sohn Christopher in New York geboren.
Robert Rauschenberg traf den Choreographen Merce Cunningham und den Komponisten und Dozent John Cage. Mit diesen beiden Künstlern veranstaltete er 1949 eine multimediale Aktion mit Tanz, Musik und projizierten Bildern.
1954 war das Jahr des Durchbruchs. Collagen und Malerei wurden zu zwei- und dreidimensionalen Objekten verschiedenster Art kombiniert und von Robert Rauschenberg als „Combines" bezeichnet. Diese Arbeiten, die Rauschenberg bis 1964 beschäftigten, entstanden im Wesentlichen in zwei Formen: als „Combinepaintings" und als freistehende „Combines".
Im Jahre 1964 erhielt er den internationalen Preis für Malerei der Biennale in Venedig.
Auf diesem künstlerischen Weg ging Rauschenberg konsequent weiter. Dabei wurde die Malerei durch neue Techniken wie Siebdruck, Umdruck, Durchreibeverfahren und Fotos bereichert. Er wurde als Maler immer berühmter.
Seine andere Leidenschaft war das Tanztheater. Es begann eine intensive Zeit am Theater. Er arbeitete hinter der Bühne für Merce Cunningham und P. Tayler, beide radikale junge Vertreter des Modern Dance. Er ging mit auf Tournee durch fast alle Staaten Amerikas und andere Teile der Welt, wie Europa und Ostasien.
Später inszenierte er als Hauptchoreograph eigene Tanzstücke. Er war gleichzeitig Bühnen- und Kostümbildner und Lichtdesigner.
1984 gründete er eine Organisation zur Völkerverständigung durch Kulturaustausch ROCI („Rauschenberg Overseas Culture Interchange"). Sein Interesse an Techniken und Materialien anderer Kulturen trieb ihn an, sich mit neuen Verfahren auseinander zu setzen und sie in seine Arbeiten einzubeziehen.
Es entstanden Metallarbeiten, auf deren Oberfläche gefundene Objekte und geknautschte Metallstücke integriert wurden und auf zukünftige Arbeiten von Robert Rauschenberg verweisen.
Robert Rauschenberg lebt heute in New York.

Combinepaintings

Die drei Kunstwerke, die hier vorgestellt werden, sind in den Jahren 1957–1964 entstanden. Es sind Beispiele für die eigens von dem Künstler kreierten Combinepaintings, mit denen er seinen künstlerischen Durchbruch schaffte.
Die Bezeichnung charakterisiert nicht nur die Vielfältigkeit der künstlerischen Ausdrucksmöglichkeiten unter Verwendung unterschiedlichster Materialien und Techniken, sondern auch den lebendigen Entstehungsprozess in wechselnden Situationen, Räumen und Zeiten, von der Materialbeschaffung, der Auswahl, der Platzierung auf der Leinwand bis zum letzten Pinselstrich.
Es sind Kombinationen aller Art, die eine Ästhetisierung der Wirklichkeit erfahren und ihren Ausdruck in Collagen, Assemblagen und

Objekten finden, die Malerei, Fotos, Zeitungs- und Textilfetzen, Plastik- und Metallteile des alltäglichen Lebens beinhalten und dafür einen neuen Begriff erforderlich machen: „Combines".
Die spontane Verarbeitung nichtkünstlerischer Materialien aus Rauschenbergs unmittelbarer Umgebung und seinem jeweiligen Wirkungsfeld unterliegt keinem Konzept, sondern bleibt offen, wie das Leben, wie die Philosophie des Künstlers, der seinem Standpunkt Ausdruck verleiht.
Er beginnt seine Combines ohne Skizzen oder Notizen, ohne eine fertige Bildkomposition vor seinem bildnerischen Auge zu haben. Er schichtet Zug um Zug sein Werk bis zu seiner Vollendung. Seine Ideen bezieht er aus dem Material, aus der Konfrontation mit verschiedenen Stoffen und Substanzen, Strukturen und Formen.
Er arbeitet um so konzentrierter, je mehr um ihn herum geschieht, sei es der laufende Fernseher, das plärrende Radio, probende Tänzer, arbeitende Freunde, spielende Kinder oder tollende Tiere.
In der Überlagerung verschiedener Motive, Materialien und Verfahren entwickelt Robert Rauschenberg eine visuelle Sprache eines vitalen und reichen Lebensgefühls, das, so verschachtelt, sich zu einem neuen Kontext entwickelt, der vieldeutig bleibt und sich einer Festlegung noch entzieht.
Der Gebrauchscharakter seiner konkreten Gegenstände wie Kleidungsstücke, Besen, Schirme oder Möbelteile wird nicht verleugnet; ihre alltagstauglichen Funktionen bleiben gegenwärtig und rufen Erinnerungen und Erfahrungen bei dem Betrachter ab. Ihre Verwandlung zu bildwürdigen Elementen verleiht ihnen einen ästhetischen Rang, der das Spannungsverhältnis ihrer doppelten Aussage unterstreicht und betont. In ihrer Vielfältigkeit und Vieldeutigkeit erzwingen sie Offenheit. Alle Elemente sind gleichwertig und sind nur Bruchstücke aus persönlich Erlebtem, Gehörtem und Gesehenem und vielleicht nicht immer Verstandenem.
Die vorgeschlagenen Werke stehen als Vertreter einer produktiven Schaffensphase, in der Robert Rauschenberg, im wahrsten Sinne des Wortes, mit realen Gegenständen malte.

„Wette", 1957–59

205,7 × 375,9 × 5,7 cm
Kunstsammlung NRW, Düsseldorf

Das Werk setzt sich aus vier gleich großen Tafeln zusammen und enthält eine Fülle von banalen Gegenständen und Teilen aus der Alltagswelt. Erst beim genauen Hinschauen erschließen sich dem Betrachter die einzelnen Bildelemente und offenbaren ihm die große Vielfalt dieses Kunstwerkes und die Unbekümmertheit und Experimentierfreude des Künstlers, Gegenstände und Farben ins Bild zu rücken. So erkennt man diverse Dinge, wie z. B. zwei Krawatten, eine Socke, Stoffreste, Holzstücke, Briefumschläge, Fotos, Plakatfetzen mit Versalien, Zeitungsausschnitte, Formulare, Kritzeleien mit dem Bleistift, Buchstabenreste, die vorwiegend mit den Farben Schwarz und Weiß und einigen Abstufungen bearbeitet, lasierend oder pastos übermalt wurden. Mit den Farben Rot, Grün, Blau und Gelb, die sparsam verwendet werden, werden lediglich farbige Akzente gesetzt.

„Schwarzmarkt", 1961

124,5 × 149,9 cm
Museum Ludwig, Köln

Mit diesem Kunstwerk soll nicht nur die Materialvielfalt (Bleistift, Papier, Stoff, Zeitung, bedrucktes Papier, andere Druckerzeugnisse, Holz, Metallfragmente, Blech und vier Metall-Schreibunterlagen, Seil, Gummistempel, Stempelkissen und ein Holzkoffer) gezeigt werden, sondern Dinge des täglichen Gebrauchs, besonders die, die sich im Koffer verbargen, sollen Beachtung finden.
Der Titel ist eine Aufforderung, die Lebendigkeit eines „Schwarzmarktes" nachzuempfinden und den Betrachter oder die Betrachterin zum Mitagieren zu animieren. Durch den ständigen Umtausch (Schwarzhandel) der Gegenstände aus dem Koffer werden die Museumsbesucher aktiv an einem Prozess der Veränderbarkeit beteiligt, den sie nun bewusst erleben. Eigene Dinge des täglichen Gebrauchs, die man zufällig mitführt, werden mit einem Gegenstand aus dem Koffer getauscht. Mit entsprechenden Eintragungen über den Tausch nach einer Gebrauchsanweisung, die vom Künstler

vorgegeben wurde, verändert sich das Kunstarrangement ständig.
Jeder getauschte, banale Gegenstand wird so zum künstlerischen Inventar des Kunstwerkes und umgekehrt wird er nach dem Tausch seines ästhetischen Ranges enthoben und wieder in eine nicht künstlerische Umwelt integriert.
Leider musste schon vor Jahren aus konservatorischen Gründen „der Schwarzmarkt geschlossen werden". Der Koffer, in dem die tauschbaren Gegenstände aufbewahrt wurden, ist seitdem zu und die Besucher verbleiben in ihrer passiven Rolle.

„Geschichte", 1964

269,1 × 246,1 × 13 cm
Art Gallery of Ontario, Toronto

Die Entstehung dieses Werkes ist ein weiteres Beispiel seiner Künstler-Philosophie, Kunst und Realität zusammenzufügen.

Neben seiner Arbeit im Atelier schreibt, inszeniert und spielt Robert Rauschenberg Theater und zieht mit dem berühmten Tanztheater, der Merce Cunningham Dance Company, durch Amerika, Europa und Ostasien.
„Geschichte" ist ein Teil des Programms und ein Stück, dessen Konzept auf der „Unbestimmtheit" beruht. Das Bild mit gleichem Namen entstand während einer dieser Aufführungen vom 10.–13. August 1964 in London. Der Künstler war an vier aufeinander folgenden Abenden Teil des Bühnenbildes, indem er während der Vorstellungen auf der Bühne malte. Für das so entstandene Combinepainting verwendete er Elemente (Stoff, bedrucktes Papier, Druckerzeugnisse, Holzlatten, Metallschild, Rad, Schnur etc.), wie er sie gerade in seiner nächsten Theater-Umwelt fand, und mit ihnen experimentierte und improvisierte er, bis sich eine Bildidee entwickelte und zu einem neuen eigenwilligen Werk formierte.
Es gibt viele Möglichkeiten der Deutung. Es ist wiederum eine perfekte Arbeit der offenen Gestaltung.

Robert Rauschenberg: Wette, 1957–59

ROBERT RAUSCHENBERG: Schwarzmarkt, 1961

ROBERT RAUSCHENBERG: Geschichte, 1964

1. Bildpräsentation

Entdeckerbörse

Erstes individuelles Schreiben (hier: Wörtersuche) eröffnet Kindern einen persönlichen Freiraum für die Auseinandersetzung mit einem Bild, ohne bereits mit den Äußerungen anderer konfrontiert zu sein.

Rad	Foto	Holz
großes S	Pfeil	Klappen
Zahlen	Finger	Koffer

Ziele

- Sinnliche Wahrnehmungsfähigkeit durch genaues Hinschauen schulen
- Rezeptionsfähigkeit durch Sehen und Analysieren erweitern
- Unsicherheiten gegenüber Ungewöhnlichem abbauen

Verlauf

- Die Kinder werden mit den drei ausgewählten Combinepaintings gleichzeitig konfrontiert und sollen die Situation erfassen. Hierzu benötigen sie etwas Zeit.
- Die Kinder werden aufgefordert von Bild zu Bild zu gehen und die Bilder genau zu betrachten.
- Die Kinder äußern ihre Eindrücke.
- Beobachtungen werden durch gezielte Fragen, die sich auf erkennbare Gegenstände und andere Fragmente beziehen, vorsichtig bewusst gemacht.

Impuls:
„Mein Wörterquadrat zu den Combinepaintings!" – Schreibe in das Wörterquadrat neun Begriffe, die du mit den Bildern in Verbindung bringen kannst.

- Die Wörterlisten werden in ständiger Korrespondenz mit den Bildern verglichen.
- Mögliche Einfälle zu einzelnen Bildelementen und den Farbgebungen werden aufgegriffen und bestätigt.
- Die wichtigsten und weiterführenden Beobachtungen werden zusammengefasst.

Didaktisch-methodischer Kommentar

Die Irritation durch die drei Bilder von Robert Rauschenberg ist gewollt und soll die Kinder in den Prozess des Kombinierens und Mitagierens einbeziehen. Sie müssen ihren festen Betrachtungsstandpunkt aufgeben und ganz unterschiedliche Blickwinkel und Verständnispositionen erproben.
Sie werden vieles entdecken und benennen wollen. Das geschieht schriftlich auf vorbereiteten Arbeitsblättern. Dadurch wird spielerisch schon auf die Form des Schreibverfahrens vor-

bereitet. Jedes Kind hat die Möglichkeit allein auf Entdeckungsreise zu gehen. Die Anzahl der Wörter ist auf neun begrenzt.
Anschließend werden die aufgeschriebenen Bildelemente nach Häufigkeit, Größe, Position, Farbigkeit, Ganzheit, Funktion, Veränderung und Sichtbarkeit untersucht.
Eine erste Annäherung zum Verstehen und Beurteilen zeitgenössischer Kunst, in der vielfältig mit Alltagsmaterial gearbeitet wird, wird angebahnt. Es ist allgemein wichtig, sich auf Kunst, Kunst-Sehen und Kunst-Machen einzulassen.
Weitere Erläuterungen, z. B. zur Entstehungsgeschichte der Bilder oder zur Künstlerpersönlichkeit, sind zu diesem Zeitpunkt nicht erforderlich.
Die Abbildungen sind gerade für diese Materialbilder ein Behelf, weil deren sinnbildliche Erfassung noch besser vor dem Original erlebt werden könnte.
Die Beschäftigung mit einem Gegenwartskünstler und seinen Werken hilft Berührungsängste und Vorurteile in Bezug auf Gegenwartskunst abzubauen und eine geistige Grundhaltung anzubahnen, die sich durch Offenheit und Unvoreingenommenheit gegenüber neuen und fremden Kunstwerken auszeichnet.

2. Gestaltungsphase I

Ästhetisches Verfahren: Combinepainting

Das Combinepainting ist eine Kombination aus Collage (ein- bis mehrdimensionaler Formen) und expressiv-abstrakter Malerei.
Das Verfahren beginnt eigentlich mit dem Sammeln und Sichten brauchbarer und gebrauchter Fundstücke, das spontan oder gezielt erfolgt. Es sind banale Dinge des täglichen Lebens, denen eine Vergangenheit oder eine Geschichte innewohnt.
Losgelöst von einer individuellen Geschichte soll der Betrachter des Kunstwerkes die Dinge wiedererkennen und eigene Assoziationen zulassen können.
Bei Beginn des Gestaltungsprozesses gibt es noch keine genaue Vorstellung vom Endprodukt. Die Ideen sollen sich aus dem Material, seiner haptischen, visuellen Wahrnehmung und aus der Auseinandersetzung mit verschiedenen Stoffen und Substanzen, Strukturen und Formen entwickeln. Der Zufall ist grundlegendes Element des Gestaltungsprozesses.
In Anlehnung an den Künstler, der mit den Gegenständen malt, soll jeder Moment des Schaffens „frisch, fremd und unvorhersehbar" sein. Robert Rauschenbergs Konzept ist „ein Konzept der Konzeptlosigkeit".
Der experimentelle Umgang mit allen gesammelten Teilen ist Voraussetzung für eine endgültige Bildfindung. Dazu gehören das lose Auflegen, das Verschieben, das Gruppieren, das Ordnen, das Ausprobieren, das Umlegen und auch das Verwerfen. Diese Phase soll bewusst erlebt werden, bevor die Teile ihren endgültigen Platz einnehmen und fixiert werden.
Ein Leitprinzip für die Gestaltung ist die Addition, die ins Unendliche fortsetzbar erscheint. Das bedeutet aber auch eine größtmögliche Freiheit in der Wahl der Dinge und ihrer Anordnung.
Jede Art der Komposition sollte zugelassen werden, aber auch später begründbar sein. Für die Bearbeitung der Gegenstände stehen Werkzeuge und Materialien zur Verfügung, die Anregungen geben sollen, Ideen zu finden und zu realisieren und unterschiedliche Applikationsmöglichkeiten kennen zu lernen.
Es kann geschnitten und gesägt, geklebt, gekleistert, getackert, verdrahtet, verschnürt und festgeknotet werden, weil Scheren und Cutter, eine kleine Säge, Klebebänder, Heißklebepistole, Tapetenkleister, Tacker, Blumendraht, Kordel und Schnüre, Nägel, Hammer, Handbohrer und Zangen zur Verfügung stehen. Fragen zur Bedienung und Handhabung werden beantwortet und Erfahrungen der Kinder werden untereinander ausgetauscht.

Ziele

- Ästhetischen Wert, Erinnerungswert, subjektiven und sozialen Wert von Sammelgegenständen erkennen
- Materielle Beschaffenheit von Oberflächen und Körpern wahrnehmen, erfahren und begreifen
- Alltagsgegenstände und Fundstücke umdeuten und kombinieren
- Montagetechniken finden und erfinden

Verlauf

- In Anlehnung an die Combinepaintings beschäftigen sich die Kinder mit ihren mitgebrachten Fundstücken und treffen erste Entscheidungen über ihre Verwendbarkeit.
- Fragen zum Verfahren der Montage werden geklärt und an Beispielen exemplarisch aufgezeigt.

Die Gestaltungsaufgabe lautet:

„Kunst und Alltag" – Gestaltung eines Combinepaintings mit persönlichen Fundstücken auf einem Karton.

- Die Kinder holen sich ihr Arbeitsmaterial.
- Die Kinder experimentieren mit den Materialien in Form von Verschieben, Umlegen, Knicken, Ineinanderstecken, Überlappen …
- Mit verschiedenen Montagetechniken befestigen die Kinder schließlich ihre Bildelemente.
- In einer ersten Reflexion erhalten sie die Gelegenheit, ihre Erfahrungen bezüglich des Collagierens, Kombinierens und Montierens auszudrücken und auszutauschen.

Sammelauftrag

Sammelt:

Kleinteiliges, altes Spielzeug aus Plastik, Metall, textilem Material (z. B. aus Puppenstuben, Eisenbahn, Sticker usw.)

Alte Bilder, Plakate, Bücher mit Spuren des Gebrauchs (z. B. Fotos aller Art, in unterschiedlichen Größen, schwarz-weiß oder bunt, Comics, Bilderbücher usw.)

Gegenstände aus der Natur (z. B. Muscheln, Steine, Hölzer/Stöcke, gepresste Teile usw.)

Zu klein gewordene Textilien (z. B. eigene Babysachen, alte Puppen- und Bärenkleidung usw.)

Vergessene Gebrauchsgegenstände

Alle Gegenstände müssen nicht mehr vollständig sein, auch Teile davon lassen auf ihr ursprüngliches Aussehen und ihre Funktion schließen.

Außerdem werden benötigt:

Scheren und Cutter, eine kleine Säge, Klebebänder, Klebstoff, Tapetenkleister, Tacker, Blumendraht, Kordel und Schnüre, (Schmuck-)Bänder, Nägel, Hammer, Handbohrer und Zangen, Abtönfarben, breite Pinsel.

Didaktisch-methodischer Kommentar

Die Gestaltungsaufgabe setzt zunächst eine Sammelaktion voraus:
Sammeln ist generell eine Leidenschaft, die fast jeden Menschen ergreift und deshalb auch dem Interesse und den Vorlieben der Kinder entgegenkommt. Sammeln ist zwar eine individuelle Angelegenheit, aber gerade bei Kindern werden Abhängigkeiten von Modetrends deutlich, die eine Industrie vorgibt. So geraten die noch gestern heiß erwünschten Spielzeuge, Bilder oder Bücher schon morgen wieder in Vergessenheit. Dies ist eine Gelegenheit, Dinge wieder herauszuholen, die einmal bedeutsam waren, aber noch nicht vergessen sind und wieder Verwendung finden in einer überraschenden Aufgabe.
Bei Robert Rauschenberg steht der Materialaspekt stark im Vordergrund. Seine Materialauswahl ist vielseitig. Seine Art und Weise Materialien einzusetzen, zu bearbeiten und in seine Kunst einzufügen, ist einzigartig. Für Kinder ist eine solche Arbeit sehr motivierend. Dinge werden aus ihrem Zusammenhang gelöst und in andere Beziehungen gesetzt. Trotz weiterer Verarbeitung (Fragmente, Übermalungen) springen sie ins Auge, weil man ihre ursprüngliche Gestalt und Funktion noch erkennen kann.
Kinder spricht gerade dieses Wiedererkennbare an und motiviert sie, mit abgelegten Materialien ihrer Lebenswirklichkeit etwas Ähnliches zu gestalten.
Eine Schwierigkeit hat sich in der praktischen Durchführung gezeigt: Die Kinder haben ihren Montagemalgrund vor sich liegen und bauen ihre Sachen für eine waagerechte Ebene auf. Die Umsetzung, Teile als Bildteile so anzubringen, dass diese in der Senkrechten frontal angesehen werden, wird für die Kinder einsichtig, wenn man ihnen vorschlägt das „Bild", immer wieder vor sich hinzustellen.
Sobald die Kinder in der Anstrengung positive Bestätigung erfahren, sind sie eher willig, sich experimentell auf den Gestaltungsprozess einzulassen und mit Ausdauer an ihrer Bildgestaltung zu arbeiten. Bei sehr unerfahrenen Kindern können Montagetechniken in Form eines kleinen Lehrgangs oder Stationenlernens im Voraus ausprobiert und erfahren werden.
Mit der Heißklebepistole sollten nur die Teile befestigt werden, die mit anderen Montagetechniken absolut keinen Halt finden. Diese Klebearbeit ist nicht ungefährlich und sollte nur von Erwachsenen ausgeführt werden.

3. Schreibphase

Schreibverfahren: Schreiben im Partner-Auftrag

In die neun Felder eines Wörterquadrats werden Wörter eingetragen, die für das Kind eine besondere Bedeutung haben. Pro Feld ein Wort. In diesem Fall sind es 9 Begriffe für die gesammelten und für das eigene Combinepainting verwendeten Objekte.

Das ausgefüllte Wörterquadrat wird an das Nachbarkind weitergegeben. Dieses kreist den Begriff ein, für den es sich besonders interessiert, auf den es neugierig ist, und gibt den Zettel dann zurück. Zu dem eingekreisten Wort soll ein Text geschrieben werden, aus dem die Bedeutung des Gegenstandes für das Kind, seine Herkunft oder seine Geschichte ersichtlich wird.

Ziele

- Schreiben eines Textes zu einem Gegenstand (bzw. einem Begriff) „im Auftrag"
- Das Schreibverfahren „Schreiben im Auftrag" nutzen, um sich im Partnergespräch über einen gelungenen Adressatenbezug auszutauschen und diesen an Textteilen festmachen
- Die Bedeutung eines ausgewählten Gegenstandes für sich reflektieren und für andere deutlich machen

Verlauf

- Die Kinder erhalten erneut ein Arbeitsblatt „Wörterquadrat".
- Sie notieren in jedem der 9 Felder jeweils einen Begriff ihrer gesammelten Gegenstände, die sie in ihrem Combinepainting verwendet haben.
- Sie tauschen ihr Wörterquadrat mit einem Partner. Der Gegenstand, auf den der Partner besonders neugierig ist, wird eingekreist.

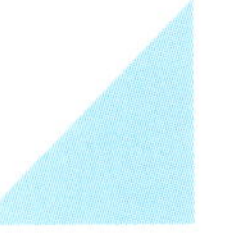

Der Schreibauftrag lautet:

„Jeder Gegenstand hat eine besondere Bedeutung, eine Geschichte." – Schreibe für deinen Partner zu dem eingekreisten Begriff einen Text.

- Gegenseitiges Vorlesen der Texte in Partnerarbeit und Austausch mit dem Partner.

Didaktisch-methodischer Kommentar

Das Schreiben im Auftrag ist im weitesten Sinne ein autobiographisches Schreiben, da die Kinder Begriffe wählen sollen, die für sie eine besondere Bedeutung haben. Häufig entstehen Geschichten über den Fundort, über die Beschaffenheit oder über spezielle Erlebnisse mit dem Gegenstand.

Es können auch sehr persönliche Texte entstehen. Daher ist es sinnvoll, diese auch nur in Partnerarbeit lesen bzw. vorlesen zu lassen. Da das „Autorenkind" weiß, wer seinen Text lesen soll, kann es beim Schreiben selbst bestimmen, wie viel es von seinem Gegenstand preisgeben will. Dieses Schreibverfahren ist für die Kinder sehr motivierend. Zum einen erfahren die Gegenstände durch das Schreiben eine weitere Wertschätzung, zum anderen ist ein unmittelbarer

Adressatenbezug gegeben, der durch die Neugier und den Auftrag des Partners zum Ausdruck kommt.

Im Austausch über die Texte sollen die Kinder sich gegenseitig Rückmeldung geben, ob die Bedeutung, den der Gegenstand für das „Autorenkind" hat, deutlich geworden ist, ob die Neugier des Partners gestillt werden konnte oder ob noch Fragen offen geblieben sind.

Barbie in der Diskothek!

Es war an einem Montagabend, da ging Barbie in eine Diskothek. Sie ging rein und sah drei Wagen Schuhe. Sie hat die coolsten Schuhe gekauft. Sie hat sich noch etwas umgesehen und hatte mit Chaco getanzt. Sie kannten sich noch von früher. Der Abend war noch sehr lustig und sie hatten noch viel Spaß.

Viele Grüße von Sarah!

Baumhaus

Ich habe einen Ast von meinem Lieblingsbaum mitgebracht. Der steht hinten in unserem Garten. Lukas und ich haben darin ein Baumhaus gebaut. Wir machen es uns dort oft cool gemütlich und wir erzählen uns oft Geheimnisse. Die darf man dann nicht verraten. Das muss man schwören. Manchmal dürfen auch Tim und Jana zu uns kommen. Dann spielen wir Nintendo oder Zielwerfen. Du darfst mich auch mal besuchen, wenn Lukas es erlaubt.

Meine Murmel

Diese Murmel habe ich von Carola in der Pause gewonnen. Sie gefällt mir so gut, weil sie in der Mitte so glitzert und weil sie so schön glatt ist. Es ist meine Lieblingsmurmel. Ich möchte sie für immer behalten. Darum spiele ich nicht mehr mit der Murmel. Ich habe sie in einem schönen Säckchen. Vielleicht schenke ich sie mal meiner Oma.

Wörterquadrat

Was ich alles auf den Combinepaintings von Robert Rauschenberg entdecke.

Mein Wörterquadrat

Gesammelte Dinge, die ich für mein Combinepainting verwendet habe:

4. Gestaltungsphase II

Ästhetisches Verfahren: Combinepainting

In Anlehnung an den Künstler wird dem Malakt eine große Bedeutung gegeben. Durch das teilweise Übermalen der montierten Gegenstände des Bildes sollen sie eine neue Bedeutung erhalten, bewusst hervorgehoben oder zurückgenommen werden. Die prozessorientierte Farbgebung soll spontan erfolgen und als gestisches Zeichen innerer Bewegtheit seinen Ausdruck finden. Dabei spielen gleichermaßen Elemente des Zufalls neben bewusst gesetzten Farbfeldern oder Farbstreifen für die Farbkomposition in der Verbindung mit den Bildgegenständen eine große Rolle.

Es ist die Vereinigung von Objekt und Bild, ein ästhetisches Experimentieren mit Materialien und Malerei. Es geht um einen expressiv-ungegenständlichen Farbeinsatz, der Gegenstände überdecken, beklecksen, rahmen und betonen kann.

Beim Malvorgang sind transparente oder opake Töne möglich. Den Variationsmöglichkeiten sind keine Grenzen gesetzt. Farbe ist Material: mal parallele Streifen ohne jeden Schwung, mal dünne langgezogene Wülste direkt aus der Tube gequetscht, aber auch linearer Auftrag mit Verlauf- und Tropfspuren, sowie deckender Anstrich und verdünnter Auftrag in freien und begrenzten Zonen.

Zusammenfassend kann der Farbauftrag: „regelmäßig, flächig, feldartig, unruhig, vielschichtig, explosiv, ruhig, ausgeglichen, wirr, unruhig, bewegt" sein.

Durch den Einsatz der Farben sind die Gegenstände in unterschiedlicher Klarheit wieder zu erkennen.

Ziele

- Verschiedene Farben mit unterschiedlichen Werkzeugen (Pinsel, Spachtel) auf unterschiedlichen Malgründen (Gegenstände, Pappe) verarbeiten und ihre malerischen Möglichkeiten erproben
- Erfahren, dass Farben Aufmerksamkeit erregen und auf etwas aufmerksam machen können
- Das gestische Malen als sinnlichen Prozess erleben und dabei neue Gestaltungsmöglichkeiten kennen lernen
- Beziehungen zur zeitgenössischen Kunst entdecken

Verlauf

- Die drei Bildbeispiele werden noch einmal betrachtet. Hierbei soll genau auf die Farbgebung geachtet werden.
- Die Kinder äußern sich und zeigen ihre Beobachtung am Beispiel.
- Dann werden die Beobachtungen durch spezielle Fragen bewusst gemacht.

Die Gestaltungsaufgabe lautet:

„Die Welt hat viele Farben" – Durch Farbvariationen sollen die Gegenstände im Bild ihre endgültige Bedeutsamkeit erhalten.

- Die Malarbeiten werden vorgestellt.
- Die Kinder entscheiden selbst über Farbe, Pinsel und Vorgehensweisen.
- In einem Reflexionsgespräch werden Entscheidungen erklärt und diskutiert.

Didaktisch-methodischer Kommentar

Mit der Montage der Gegenstände in das Bild beginnt der Künstler seinen Malakt. Dies soll den Kindern zu Beginn noch einmal deutlich gemacht werden. Konkrete Gegenstände ersetzen gemalte Gegenstände, sind „lebendige" Vertreter einer bestimmten Lebenswirklichkeit. Die Fortsetzung oder Ergänzung der Arbeiten mit tatsächlichen Farben vollendet das „Gemälde". Auf das Malen oder Zeichnen von Gegenständen wird weitestgehend verzichtet.
Die Ergebnisse der Kinderbeobachtungen sind Basis für ihre eigene abstrakt-expressive Farbgestaltung. Die kindlichen Äußerungen werden aufgegriffen und im Hinblick auf die eigene Arbeit bewusst gemacht.

Hier nur einige Anregungen für mögliche Interpretationen:

Farbwahl: Symbole für die vier Elemente, für Stimmungen, Zustände, Gefühle …

Farbauftrag: deckend malen für unsichtbar machen, vergessen …, durchscheinend malen für Erinnerung, nicht mehr so wichtig …

Farbkombinationen: Farbdissonanzen und Farbharmonien für Gefühle, Ruhe oder Bewegung …

Farbformationen: Streifen und Linien für Straßen, Grenzen, Umrandungen …, geometrische Flächen für Begrenzung, Besitz …, Rundungen für Regen, Tränen, Sonne, Mond, See …

Und im Sinne Rauschenbergs darf jeder seine eigene Interpretation finden. Für die Kinder bedeutet es, ihre Werke zu erklären und Erfahrungen, Ideen und Gedanken mit den anderen Kindern auszutauschen. Kinder lernen mit Toleranz, Flexibilität, Fantasie und Offenheit, sich nicht nur Werken der Moderne zu nähern, sondern auch die Werke ihrer Mitschüler und Mitschülerinnen zu akzeptieren.

Franz Marc: Kämpfende Formen

(Bildvorlage S. 108)

„Jede Farbe muss klar sagen, wer und was sie ist, und muss dazu auf einer klaren Form stehen."

1. Bildpräsentation: Handpantomime mit Musikbegleitung

2. Ästhetisches Verfahren: Handmalen mit Kleisterfarben

3. Schreibverfahren: Schreiben zu Gefühlen – Gedicht mit allen Sinnen

Medien und Material	Vorbereitung
• „Kämpfende Formen" als Folie (s. S. 108) und Overheadprojektor	• Farbfolie auf den Overheadprojektor legen
• Kassette/CD mit Musikausschnitten polarisierender Klangthematik (z. B. Tanz des Feuervogels aus „Feuervogel" von Igor Strawinsky), Kassettenrekorder/ CD-Player	• Kassette/CD überspielen (einen Musikausschnitt von ca. 8 Minuten aufnehmen, ggf. den gleichen Ausschnitt mehrmals hintereinander aufnehmen)
Für jede Gruppe (4–6 Kinder):	• Kassette/CD spielbereit einlegen
• Plastikschale mit Kleister, breite Pinsel	• Kleister herstellen und in Plastikschalen verteilen und bereitstellen
• Plastikgefäße mit Abtönfarben (rot, blau, gelb, schwarz und weiß)	• Abtönfarben in Plastikgefäße abfüllen und bereitstellen
Für jedes Kind:	
• weiße Pappe (DIN-A3- bis DIN-A2-Format)	• Pappen, breite Pinsel auf die Tische der Kinder verteilen
• Liniertes Arbeitsblatt für das Schreibverfahren, Bunt- und Filzstifte	• Arbeitsblatt für das Schreibverfahren bereitlegen

Franz Marc

Franz Marc (08. 02. 1880–04. 03. 1916), deutscher Maler und Grafiker. Nachdem er zunächst impressionistisch gemalt und Tierstudien gezeichnet hatte, fand er später seinen eigenen expressiv-abstrahierenden Stil mit reinen, symbolisch befrachteten Farben und kristallinen Formen, mit denen er in Einklang mit der Natur lebende, zum Symbol stilisierte Lebewesen darstellte.

Am 8. Februar 1880 wurde Franz Marc als zweites Kind des Malers Wilhelm Marc und seiner Frau Sophie in München geboren. Er hatte einen drei Jahre älteren Bruder, der Paul hieß.
Nach dem Abitur begann er zunächst mit einem Theologie-Studium, entschied sich jedoch nach kurzer Zeit, die Fakultät zu wechseln, um Gymnasialprofessor zu werden.
Bevor er mit dem neuen Studium begann, leistete er mit 20 Jahren seinen Militärdienst ab. Während dieser Zeit änderte er noch einmal seine Meinung und entschloss sich, endgültig Maler zu werden. Er meldete sich in der Akademie an und malte im Stile der Münchner Schule mit typischen Merkmalen des 19. Jahrhunderts im kompositorischen Bildaufbau, stimmungsvoll in gedämpften Tonwerten.
Nach seiner ersten Frankreichreise, auf der er Werke französischer Impressionisten kennen lernte, kehrte er nicht mehr an die Akademie zurück und bezog 1904 in München-Schwabing ein eigenes Atelier.
Er lernte die Malerinnen Maria Schnür und Maria Franck kennen. Obwohl er sich mehr zu Maria Franck hingezogen fühlte, heiratete er 1907 überraschend Maria Schnür. Er trennte sich bald wieder von ihr und heiratete Maria Franck.
Marc unternahm Reisen nach Italien, Frankreich und Griechenland. Er malte an verschiede-

nen Orten und gab Malkurse, weil er von seinen künstlerischen Arbeiten noch nicht leben konnte. Erst in der Auseinandersetzung mit dem Kubismus und dem Futurismus um 1910 fand er zu den farbigen, plastischen, leuchtenden Tierbildern seines Stils. Er begegnete August Macke, lernte in ihm einen gleichgesinnten Künstler kennen und befreundete sich mit ihm. Durch ihn fand er einen Verleger, der ihm regelmäßig Bilder abkaufte und ihm dadurch materielle Sicherheit bot.

Ein Jahr später (1911) begegnete Franz Marc Alexej Jawlensky und Marianne von Werefkin, Wassily Kandinsky und Gabriele Münter. Sie verstanden sich sofort und blieben im engen Kontakt zueinander.

Franz Marc und Wassily Kandinsky beschlossen, einen Almanach zur Kunst herauszugeben, in dem Künstler und Wissenschaftler zu Wort kommen sollten, um die Ziele einer neuen Kunst zu formulieren. Diese bedeutende Programmschrift zur Kunst des 20. Jahrhunderts erhielt den Namen „Der blaue Reiter" (aus Kandinskys Erinnerungen: beide liebten wir *Blau*, Marc – *Pferde*, ich – *Reiter*. So kam der Name von selbst.

In diesem Jahr organisierten Kandinsky, Marc und Münter die Ausstellung „Die Blauen Reiter".

Im Januar darauf machten Franz Marc und Maria Franck die Bekanntschaft mit Mitgliedern der Künstlergemeinschaft „Brücke". Zurückgekehrt nach München begegnete Franz Marc Paul Klee und es begann eine intensive Freundschaft beider Männer und ihrer Frauen. Eine zweite Ausstellung der Redaktion „Der Blaue Reiter" wurde in München organisiert.

Auf einer weiteren Reise nach Paris lernte Franz Marc Robert Delaunay kennen und bewundern. Orphismus und italienischer Futurismus beeindruckten ihn sehr und beeinflussten im Folgenden seine Arbeiten.

Im Juni 1913 wurden Franz Marc und die Malerin Maria Franck nach deutschem Recht getraut. Sie erwarben ein eigenes Haus in Ried und zogen im April 1914 in das neue Haus in der Nähe von Benediktbeuren.

Als am 1. August 1914 der Erste Weltkrieg ausbrach, meldete sich Franz Marc aus Überzeugung freiwillig zum Militäreinsatz. Kurz vor seiner Entlassung wurde er am 4. März 1916 von Granatsplittern bei einem Kundschaftsritt vor Verdun tödlich getroffen und dort beigesetzt.

Ein Jahr später ließ seine Witwe den Leichnam nach Kochel am See überführen, wo er seither begraben liegt.

„Kämpfende Formen", 1914

Öl auf Leinwand, 91 × 131,5 cm
Staatsgalerie für Moderne Kunst, München

Kurz vor Ausbruch des Ersten Weltkrieges am 01.08.1914 malte Franz Marc vier abstrakte Gemälde, die als eine Einheit gesehen werden müssen:

„Heitere Formen" (zerstört),
„Spielende Formen" (Nachlass des Künstlers, Privatbesitz, München),
„Kämpfende Formen" (Staatsgalerie für Moderne Kunst, München),
„Zerbrochene Formen" (Guggenheim Museum, New York).

Im zeitgeschichtlichen Zusammenhang gesehen zeichnen sich in dem Bilderzyklus zwei gegensätzliche Stimmungen ab, die Marcs gegenwärtige Lebenssituation widerspiegeln: Einerseits genießt er die Idylle der oberbayerischen Landschaft, sein neues eigenes Haus, seine künstlerischen Erfolge, seine Künstlerfreundschaften und nicht zuletzt seine Ehe mit Maria Franck. Andererseits herrscht in Europa Weltuntergangsstimmung, die den Ausbruch des Ersten Weltkrieg ahnen lässt, verbunden mit Ängsten oder Hoffnungen für die Zukunft.

In der Auseinandersetzung mit stilistischer Farb- und Formsuche und künstlerischer Ausdrucksfindung des beginnenden 20. Jahrhunderts sind die vier Bilder eine Antwort seiner künstlerischen Entwicklung.

In der Literatur findet man zwei unterschiedliche Meinungen dazu. Auf dem Weg, immer weniger gegenständlich abzubilden, ist in dem Bild „Kämpfende Formen" die endgültige Auflösung realistischer Motive und Inhalte noch nicht erreicht und wird darum als Vorstufe auf dem Weg zur totalen Abstraktion analysiert. Die andere Auffassung sieht in der Darstellung, die landschaftliche Motive und tierähnliche Wesen noch erahnen lässt, bereits eine Umkehr und ein Zurück zu figürlichen Formen.

Zwei große, rote und schwarzblaue Formen wirbeln dynamisch im Raum und teilen ihn diagonal in eine farbige helle und in eine dunkle Zone. Man könnte die rote Form als einen Greifvogel deuten, der mit gespreizten Krallen

zum Landeanflug ansetzt, dabei seine Beute im Visier hat, um sich zielsicher darauf zu stürzen und zu töten.
Die dunkelblaue Form lässt keine Deutung zu. Sie scheint sich, Kreise beschreibend, in sich zusammenzurollen, Kraft zu sammeln, um ebenso heftig auf einen Angriff zu reagieren.
Was sich auf Diagonalen als scharfe Konturenlinie im Farbkontrast zum Schwarz-Blau abzeichnet, löst sich zum linken Rand in ein flirrendes Farbspiel aus Simultankontrasten (Orange/Grün) mit unregelmäßigen Formen aus Kanten, Ecken, Spitzen und Kreissegmenten auf. Sie treiben an und heizen die Bewegungen des Flatterns, Schlagens, Aufbäumens und Kämpfens auf. Gegenständliche Motive können dennoch ausgemacht, hinterfragt und wieder verworfen werden, weil sie sich langem Nachdenken entziehen. Das Flirren der Farben lenkt den Betrachter ab. Was als Rehkopf gedeutet werden könnte, verliert sich im Rot, Bergspitzen kippen um. Alles ist in Auflösung begriffen, zerfasert, zerfleddert und zerfällt. Im Gegensatz dazu die die rechte Bildhälfte beherrschende dunkelblaue bis schwarze, schwerfällig wirkende Masse. Einige wenige helle Linien verstärken die Rundungen der Form. Sie wirkt weniger angriffslustig, weicht rollend zurück und hält als massive rundliche Form dem Angriff stand. Ihre Bewegungen sind weniger vehement, ihre Verteidigung ist nicht weniger wirkungsvoll.
Der Titel des Bildes verrät Franz Marcs abstrahierende Absicht, einen Kampf polarisierender Kräfte zu demonstrieren.

Franz Marc: Kämpfende Formen, 1914

1. Bildpräsentation

Bild drehen

Das Bild wird den Kindern in verschiedenen Positionen präsentiert. Dabei wird jede gezeigte Richtung des Bildes unterschiedliche Wirkungen und entsprechende Reaktionen bei den Kindern hervorrufen. In dieser Phase ist es wichtig, dass alle Einfälle der Kinder zugelassen werden. Die Spannung wird erhöht, wenn zwischen dem Richtungswechsel das Licht des Overheadprojektors ausgeschaltet wird.
Durch die Bekanntgabe des Titels während der 4. Position wird den Kindern noch einmal die Farb- und Formwirkung bewusst und die Möglichkeiten künstlerischer Ausdrucksmittel für Gefühle werden erfahrbar gemacht.

1.

2.

3.

4. Kämpfende Formen

Ziele

- Sinnliche Wahrnehmungsfähigkeit durch Provokation schulen
- Form- und Farbwirkungen entdecken
- Körperorientierte Ausdrucksmöglichkeiten durch Bewegung erproben

Verlauf

- Viermaliges Drehen des Bildes auf dem Overheadprojektor, beginnend mit drei „falschen" Richtungen, endend mit der originalen Richtung.
- Die Kinder äußern sich assoziativ zu der jeweiligen Richtung.
- Bekanntgabe des Titels bei der Präsentation des Bildes in der korrekten Lage.
- Wichtige Aussagen, die sich auf den Titel des Bildes beziehen, werden zusammengefasst.
- Die Kinder versuchen, Gefühle und Inhalt im Rollenspiel auf ihre Hände zu übertragen und ein Wechselspiel pantomimisch darzustellen.

Impuls:

„Jede Hand übernimmt eine Rolle und stellt den Kampf pantomimisch dar!"

- Das Nachspielen wird mit Musik unterstützt. Die Übung wird wiederholt, bis die Kinder ihre Bereitschaft zum Malen signalisieren.

Didaktisch-methodischer Kommentar

Die Malaktion wird mit einer pantomimischen Aufwärmaktion eingeleitet, damit die Kinder für einen malerischen Ausdruck von Gefühlen, Empfindungen und Stimmungen stimuliert werden. Eine natürliche Offenheit, Gefühle zu zeigen, ist die Voraussetzung malerischer Umsetzung.

Mit dieser Übung können Hemmungen in der Auseinandersetzung mit den eigenen Gefühlen abgebaut werden und gleichzeitig Fähigkeiten erweitert werden, über Gefühle mit anderen zu sprechen.

Für diese pantomimische Ausgangsübung ist es ratsam, die Bewegungen der Kinder mit Musik zu begleiten. Ein Musikstück ist dann geeignet, wenn die Musik lebendig und bewegt ist und über die Instrumentation unterschiedliche Klangfarben hervorbringt.

Es reicht, eine zweiminütige Sequenz mehrfach hintereinander auf Kassette oder CD mit kleinen Pausen aufzunehmen, so dass man über die Länge der Übung selbst entscheiden kann.

2. Gestaltungsphase

Ästhetisches Verfahren: Handmalen mit Kleisterfarben

Die Kleisterfarben werden selbst hergestellt. Sie sind ein Gemisch aus Abtönfarben und Tapetenkleister.
Die Kleisterfarben entstehen hier erst während des Gestaltungsprozesses durch das Vermischen des leicht flüssigen Tapetenkleisters mit den aufgetragenen Abtönfarben. Als Malgrund werden weiße dünne Pappen genommen und kurz vor dem Malvorgang mit dem Kleister bestrichen. Das kann noch mit breiten Pinseln erfolgen, geht aber schneller, wenn der Kleister mit beiden Händen von den Kindern gleichmäßig auf der Pappe verteilt wird.
Die Abtönfarben eignen sich auf Grund ihrer Konsistenz und Leuchtkraft besonders gut. Sie lassen sich für den Malvorgang schnell und gut verteilen und in Verbindung mit dem Kleister problemlos mischen. Die Farbwahl für jede Hand und den Grad ihrer Vermischungen entscheiden die Kinder.
Die Malaktion wird mit beiden Händen möglichst gleichzeitig ausgeführt.

Angst

Wut

Ziele

- Materialien und Materialverhalten erkunden
- Empfindungen bildhaft mitteilen
- Wirkungen von elementaren Farbkontrasten erproben
- Prozesshaftigkeit der Gestaltung erkennen

Verlauf

- Die Materialien und die Technik werden erklärt.
  Das Motiv der „Kämpfenden Formen“ soll von den Kindern mit Kleisterfarben so dargestellt werden, dass man keine Gegenstände mehr erkennen kann.

Die Gestaltungsaufgabe lautet:
„Kämpfende Gefühle“ – Drücke mit beiden Händen ein Wechselspiel der Gefühle aus.

- Die Kinder bestreichen ihre Pappe mit Kleister.
- Bei erneut einsetzender Musik beginnen sie, mit in Farbe getauchten Fingern, Händen oder Pinseln, Rhythmus und Bewegung auf ihre Pappe zu übertragen und eigene Formen für ein gegensätzliches Wechselspiel von Gefühlen zu finden.
- Eine gesamte Aufnahme des Musikstückes kann eventuell während des Gestaltungsprozesses laufen, um die Kinder atmosphärisch optimal zur Ausdrucksfindung zu motivieren.
- Die Kinder geben ihren Bildern einen Titel, der im weiteren Sinne ein Gefühl beinhalten soll.
- Die Reflexion beginnt mit freiwilligen, spontanen Äußerungen der Kinder zum Gestaltungsprozess.
- Die Kinder setzen ihr Bild und ihren eigenen Titel zueinander in Beziehung.

Didaktisch-methodischer Kommentar

Die Thematisierung eigener Gefühle und Stimmungen und deren Darstellung mit bildnerischen Mitteln ist eine Weiterentwicklung nicht verbaler Ausdrucks- und Mitteilungsmöglichkeiten.

Voraussetzungen für solche unterrichtlichen Aktionen werden spielerisch im täglichen Umgang miteinander angebahnt und eingeübt.

Kunst ist die schöpferisch-gestaltende Umsetzung innerer und äußerer Erfahrungsinhalte in ein Werk. Besonders die Vermittlung innerer Motivatoren ist schwierig und baut auf einer Reihe von Voraussetzungen (z.B. Selbstreflexion, Selbsterkenntnis, Verbalisierung von Gefühlen) auf. Form- und Farbsymbolik sind für die Darstellung innerer „seelischer", Bedeutungsinhalte wichtig. Die sinnliche Deutung einzelner Farben und Formen gehört dazu.

Das Malen mit den gefärbten Händen im Kleister wird für einige Kinder eine Überwindung sein. Andere wiederum werden überreagieren und in der Aktion eine Möglichkeit wittern zum „Matschen". Während die einen eher ermutigt werden müssen, müssen die anderen eher zu umsichtigem Verhalten angeleitet werden.

Dass die Stimmung Unruhe und mehr Geräusche verursacht, ist normal und bis zu einem gewissen Grad so gewollt.

Liebe

Angst

3. Schreibphase

Schreibverfahren: Schreiben zu Gefühlen – Gedicht mit allen Sinnen

Zu einem Begriff, meist einem abstrakten wie Wut, Einsamkeit, Freude o. Ä., wird ein Text mit Hilfe des Stilmittels der Wiederholung geschrieben.

Jeder Satz/jede Zeile beginnt gleich, nämlich mit dem bedeutungstragenden Begriff. Die Variation der Textzeilen wird durch die unterschiedlichen Verben, die überwiegend auf die Sinne ausgerichtet sind, eingeleitet.

Beispiel:

Freude

Freude	ist	orange.
Freude	schmeckt	nach köstlichem Eis.
Freude	riecht	wie Tannenduft.
Freude	klingt	wie ein Glöckchen.
Freude	ist	wie ein Kribbeln im Bauch.

Der Kasten mit genauen Angaben zum Schreibauftrag kann, wenn nötig, als Kopie an die Kinder verteilt werden.

Beispiel „Wut“:

1. Schreibe deinen Bildtitel fünfmal untereinander.
2. Welche Farbe hat die Wut in deinen Gedanken? Wie sieht deine Wut aus?
   Schreibe: Wut ist …
3. Wie schmeckt Wut, oder wonach schmeckt sie?
   Schreibe: Wut schmeckt nach …
4. Wonach riecht Wut? Lass dir in Gedanken ein Bild kommen.
   Schreibe: Wut riecht nach … oder: Wut riecht wie …
5. Wie klingt die Wut? Wie hört sie sich an?
   Schreibe: Wut klingt wie …
6. Wie fühlt sich Wut an?
   Schreibe: Wut fühlt sich an wie … oder noch einmal wie oben: Wut ist wie …

Ziele

- Schreiben eines Gefühle-Gedichtes zu einem selbst gemalten Bild
- Das Stilmittel der Wiederholung und die Bildsprache als Hilfen beim Verfassen eines poetischen Textes nutzen
- Finden einer eigenen Sprache für Gefühle

Verlauf

- Suchen eines Bildtitels, der zu dem selbst gemalten Bild und dem dargestellten Gefühl passt.
- Aufschreiben des Titels a) als Überschrift und b) als Zeilenanfang jeder Gedichtzeile.
- Sukzessives Schreiben des Textes in Einzelarbeit nach Arbeitsanweisung.
- Notieren der Verben an der Tafel parallel zu den einzelnen Schreibaufträgen für die Kinder.

Der Schreibauftrag lautet:
„Schreibe ein Gedicht zu dem Titel deines Bildes! Benutze dabei die Verben ‚ist, schmeckt, riecht, klingt, ist'!"

- Ggf. farbige Markierung des Gefühlsbegriffs und der Verben entsprechend der gewählten Farben des eigenen Bildes.
- Reflexionsgespräch über die verschiedenen Gefühlsassoziationen durch die Bilder und Vergleich der sprachlichen Umsetzungsformen.

Didaktisch-methodischer Kommentar

Das Schreibverfahren „Schreiben zu Gefühlen – Gedicht mit allen Sinnen" bietet sich dort an, wo Gefühle etwas deutlich machen sollen, wo eine Sprache für Gefühle gefunden werden soll. Schon am Ende eines ersten Schuljahres können Kinder hier mit leichter Unterstützung der Lehrerin oder des Lehrers eigene Ausdrucksmöglichkeiten entwickeln und einen Text „mit allen Sinnen" schreiben.

Vorausgegangen sein sollten im Unterricht immer wieder Übungen, die die Kinder sensibel machen für diese Art der Sprache.
Ein gutes Beispiel ist hierfür das Gedicht: „Sommer" von Ilse Kleberger (s. S. 115).
In einer 2. Klasse können Kinder bereits selbstständig zu erstaunlichen Ergebnissen kommen. Auf die Frage nach ihren Gefühlen zu ihrem eigenen Bild sind z. B. folgende Aussagen möglich: Wut, Hass, Zorn, sauer sein, einem weh tun wollen, böse sein, Ärger, ausrasten, frustriert sein o. Ä.

Angst
Angst ist grau.
Angst schmeckt traurig.
Angst riecht nach Ängstlichkeit.
Angst klingt wie Weinen.
Angst ist wie dass man alleine ist.
Viktoria

Angst
Angst ist grau.
Angst schmeckt nach Traurigkeit.
Angst riecht nach Blättern.
Angst klingt wie schüchtern.
Angst ist wie Wut.
Victoria

Die Wut
Wut ist rot.
Wut schmeckt blöd.
Wut riecht blöd.
Wut klingt blöd.
Wut ist böse.
Marcel

Liebe
Liebe ist rot.
Liebe schmeckt nach Pommes.
Liebe riecht nach Herz.
Liebe klingt wie Liebe.
Liebe ist wie Liebe.
Jessica

Die interessanten Schreibergebnisse der Kinder zeigen deutlich, wer eine differenzierte Sprache für Gefühle hat.
Viktorias und Victorias Texte zum Thema „Angst" sind ausdrucksstark und facettenreich, aber auch Marcel macht seine Empfindungen zum Thema „Wut" auf seine Weise deutlich. Er verwendet – ob bewusst oder unbewusst – das Stilmittel der Wiederholung und schreibt einen Text, der für einige auf den ersten Blick eher wenig differenziert erscheint. Betrachtet man aber die Adjektive des ersten und letzten Satzes, so heben sie sich von den Sinnesverben „schmeckt, riecht, klingt" mit dem jeweils dazugehörigen Adverb „blöd" ab: Wut ist *rot*. Wut ist *böse*.
Wenn man nun den Text so liest, dass in der 2., 3. und 4. Zeile jeweils das Verb betont wird und

in der ersten und letzten Zeile das Adjektiv am Ende, wenn dann die 2., 3. und 4. Zeile als Einheit zusammen gelesen werden, dann entsteht sogar ein poetischer Text, der ausdrucksstark ist und über dessen letzten Satz man gut mit Kindern ins Gespräch kommen kann.
Auch Jessicas Text zu „Liebe" drückt stark ihre Gefühle aus und lässt durch die Wiederholung am Ende „Liebe klingt wie Liebe. Liebe ist wie Liebe." dieser Aussage eine besondere Verstärkung zukommen. Gleichzeitig drückt sie ihre Ohnmacht (im positiven Sinn) aus, Liebe noch durch etwas anderes als durch sich selbst erklären zu können. Liebe ist eben nur wie Liebe!

Sommer

Weißt du, wie der Sommer riecht?
Nach Birnen und nach Nelken,
nach Äpfeln und Vergissmeinnicht,
die in der Sonne welken,
nach heißem Sand und kühlem See
und nassen Badehosen,
nach Wasserball und Sonnenkrem,
nach Straßenstaub und Rosen.

Weißt du, wie der Sommer schmeckt?
Nach gelben Aprikosen,
und Walderdbeeren, halb versteckt
zwischen Gras und Moosen,
nach Himbeereis, Vanilleeis
und Eis aus Schokolade,
nach Sauerklee vom Wiesenrand
und Brauselimonade.

Weißt du, wie der Sommer klingt?
Nach einer Flötenweise,
die durch die Mittagsstille dringt,
ein Vogel zwitschert leise,
dumpf fällt ein Apfel in das Gras,
ein Wind rauscht in den Bäumen,
ein Kind lacht hell, dann schweigt es schnell
und möchte lieber träumen.

Ilse Kleberger

aus: Hans-Joachim Gelberg: Die Stadt der Kinder

Bildquellen

S. 10: Joan Miró: Complainte du lézard amoureux, 1947
© Successió Miró/VG Bild-Kunst, Bonn 2003

S. 19: Duane Hanson: Seated Artist, 1971
© VG Bild-Kunst, Bonn 2003

S. 22: Duane Hanson: Touristen II, 1988
© VG Bild-Kunst, Bonn 2003

S. 31: Pablo Picasso, Foto: Lucien Clergue

S. 33: Pablo Picasso: Vogelfangende Katze, 1939
© Succession Picasso/VG Bild-Kunst, Bonn 2003

S. 42: Andy Warhol: Sam, 1954
Andy Warhol Foundation for the Visual Arts/Artists Rights Society (ARS), New York 2003

S. 43: Franz Marc: Zwei Katzen, 1913
Öffentliche Kunstsammlung, Kunstmuseum Basel

S. 45: René Magritte, Foto: Bijtebier, Brüssel

S. 49: René Magritte: Der Flicken der Nacht, 1965
© VG Bild-Kunst, Bonn 2003

S. 59: Paul Klee, Foto: Archiv Felix Klee, Bern

S. 61: Paul Klee: Garten am Bach, 1927, 220 (V 10)
© VG Bild-Kunst, Bonn 2003

S. 64: Alfred Sisley: Hoschedés Garten, 1881
Puschkin-Museum, Moskau
Sammlung I. A. Morosow

S. 65: Henri Rousseau: Spaziergang im Jardin du Luxembourg. Denkmal Chopins, 1909
Eremitage, St. Petersburg
Sammlung S. I. Schtschukin

S. 71: Gabriele Münter, Foto: Städtische Galerie im Lenbachhaus, München

S. 74: Gabriele Münter: Gelbes Haus mit Apfelbaum, 1910
© VG Bild-Kunst, Bonn 2003

S. 87: Robert Rauschenberg, Foto: Kunstspringerbilder, Courtesy Aaron Siskind Foundation

S. 91: Robert Rauschenberg: Wette, 1957–59
© Robert Rauschenberg/VG Bild-Kunst, Bonn 2003

S. 92: Robert Rauschenberg: Schwarzmarkt, 1961
© Robert Rauschenberg/VG Bild-Kunst, Bonn 2003

S. 93: Robert Rauschenberg: Geschichte, 1964
© Robert Rauschenberg/VG Bild-Kunst, Bonn 2003

S. 105: Franz Marc, Foto: Germanisches Nationalmuseum, Nürnberg

S. 108 f.: Franz Marc: Kämpfende Formen, 1914
Staatsgalerie für Moderne Kunst, München

Zu diesem Buch erhältlich: 16 Farbfolien

Foliensatz zu
Bärbel Klein/Renate Schnell

Schreiben & Gestalten

zu ausgewählten Kunstwerken
Best.-Nr. **4108**

Die folgenden **16 Folien** zu den Unterrichtseinheiten des Buchs stehen mit dieser Mappe für den kreativen Einsatz zur Verfügung:

- Joan Miró: Complainte du lézard amoureux, 1947
- Pablo Picasso: Vogelfangende Katze, 1939
- Théophile Alexandre Steinlen: Schlafende Katze, 1898
- Andy Warhol: Sam, 1954
- Franz Marc: Zwei Katzen, 1913
- René Magritte: Der Flicken der Nacht, 1965
- Paul Klee: Garten am Bach, 1927
- Garten am Bach (Umrissbild)
- Alfred Sisley: Hoschedés Garten, 1881
- Henri Rousseau: Spaziergang im Jardin du Luxembourg. Denkmal Chopins, 1909
- Gabriele Münter: Gelbes Haus mit Apfelbaum, 1910
- Gelbes Haus mit Apfelbaum (Umrissbild)
- Robert Rauschenberg: Wette, 1957–59
- Robert Rauschenberg: Schwarzmarkt, 1961
- Robert Rauschenberg: Geschichte, 1964
- Franz Marc: Kämpfende Formen, 1914

Topaktuelle Materialien für Ihren Unterricht!

Auer BESTELLCOUPON Auer

Ja, bitte senden Sie mir/uns

____ Expl. Klein/Schnell
Foliensatz zu Schreiben & Gestalten
Best.-Nr. **4108**

mit Rechnung zu.

Rund um die Uhr bequem bestellen!
Telefon: 01 80/5 34 36 17
Fax: 09 06/7 31 78
E-Mail: info@auer-verlag.de

Bitte kopieren und einsenden an:

Auer Versandbuchhandlung
Postfach 11 52
86601 Donauwörth

Meine Anschrift lautet:

Name/Vorname

Straße

PLZ/Ort

Datum/Unterschrift